Tercera edición

Una vez más

Repaso detallado de las estructuras gramaticales del idioma español

James H. Couch

Rebecca D. McCann

Carmel Rodríguez-Walter

Ángel Rubio-Maroto

SAVVAS
LEARNING COMPANY

Grateful acknowledgment is made to the following for copyrighted material:

El País

"El museo Munch muestra 'El grito' y 'Madonna' por primera vez tras su recuperación" from *El País: Sept. 12, 2006*, "Insumisos del tabaco" from *El País: Sept. 10, 2006*, "Las modificaciones de nuevas leyes de tráfico" from *El País: Sept. 6, 2006*, "Miles de restaurantes y bares pasan a partir de hoy a ser locales libres de humo" from *El País: Sept. 1, 2006*, "Tras la nube negra" from *El País: Sept. 7, 2006*. Reprinted by permission of El País.

La Opinión

"Voluntad y sentido común para bajar de peso" from *La Opinión Digital: Sept. 24, 2006*. Reprinted by permission of La Opinión.

Dedication

We affectionately dedicate this third edition of *Una vez más* to the memory of Ángel Rubio-Maroto and James H. Couch, our esteemed colleagues and co-authors whose presence was deeply missed though genuinely felt throughout our collaboration on this book.

We would like to remember Margaret Couch, devoted spouse of our colleague James Couch. Margaret offered us professional assistance and moral support while we worked on the first edition of *Una vez más*.

Rebecca D. McCann
Carmel Rodríguez-Walter

Copyright © 2009 by Savvas Learning Company LLC. All Rights Reserved. Printed in the United States of America.

This publication is protected by copyright, and permission should be obtained from the publisher prior to any prohibited reproduction, storage in a retrieval system, or transmission in any form or by any means, electronic, mechanical, photocopying, recording, or otherwise. For information regarding permissions, request forms, and the appropriate contacts within the Savvas Learning Company Rights Management group, please send your query to the address below.

Savvas Learning Company LLC, 15 East Midland Avenue, Paramus, NJ 07652

Savvas™ and **Savvas Learning Company™** are the exclusive trademarks of Savvas Learning Company LLC in the U.S. and other countries.

Savvas Learning Company publishes through its famous imprints **Prentice Hall®** and **Scott Foresman®** which are exclusive registered trademarks owned by Savvas Learning Company LLC in the U.S. and/or other countries.

Savvas Realize™ is the exclusive trademark of Savvas Learning Company LLC in the U.S. and/or other countries.

Unless otherwise indicated herein, any third party trademarks that may appear in this work are the property of their respective owners, and any references to third party trademarks, logos, or other trade dress are for demonstrative or descriptive purposes only. Such references are not intended to imply any sponsorship, endorsement, authorization, or promotion of Savvas Learning Company products by the owners of such marks, or any relationship between the owner and Savvas Learning Company LLC or its authors, licensees, or distributors.

ISBN-13: 978-0-13-361126-7 (softcover)
ISBN-10:   0-13-361126-4 (softcover)
26 2022

Tabla de materias

Prólogo

Una vez más is designed as a grammar review for use at the upper levels. It is particularly useful in preparation for high-stakes tests such as the SAT Subject Tests or the AP* Spanish Language or Literature Examinations. It may be used as a supplemental classroom teaching text, an individualized self-learner workbook or a grammar reference book.

This third edition of *Una vez más* is being published at a time when the demographics of the United States and the Spanish-speaking world are rapidly changing. The need and demand for competency in Spanish are greater than ever before. The flexibility of *Una vez más* makes it a useful tool not only for learners of Spanish as a second language but also for heritage learners who wish to refresh and refine their command of their native language. In addition, this book serves a population of all ages, professions and backgrounds.

Organization of each lesson

Ejemplos — contextualized examples of the grammatical point

Ejercicios de reflexión — pre-test to verify the student's command of the topic

Explicación — explanation of the grammatical structure

Usos — specific situations in which the grammar point is applied

Ejercicios de comprobación — post-test to check the student's command of the topic. A review of the **Ejemplos and Explicación** sections is recommended if these exercises prove to be too difficult.

Repaso — exercises to test a variety of grammar points. Beginning with *Lección 2*, the *Repaso* section includes exercises based on material from previous lessons.

Actividades de comunicación creativa — topics for informal and formal essay writing useful in preparing for the AP* Spanish Language Examination.

At the end of the book you will also find:

Tabla de verbos — conjugations of the most common regular and irregular verbs in all tenses and moods

*AP is a registered trademark of the College Board, which was not involved in the production of, and does not endorse, this product.

Changes in the third edition

- updated vocabulary
- updated grammar explanations reflecting recent changes made by the Real Academia Española
- updated explanation of difficult grammar points including:
  – Imperfect and preterite
  – Future and conditional
  – Subjunctive and indicative
- additional exercises that reflect the format of the AP* Spanish Language Exam

Examination

- a new, user-friendly, and more attractive design complete with icons for each section and tabs for each lesson
- informal and formal writing topics that elicit creative use of the language
- separate student edition answer key (*Una vez más: Respuestas para la edición del estudiante*) that allows flexibility for teachers to determine whether students get access to the answers

To the Teacher

This grammar book is written entirely in Spanish. It is intended for use at the intermediate and advanced levels. We have found this book valuable and effective in our teaching at the high school and college levels. It has been particularly useful in preparing students for the AP* Spanish Language Examination. This book's versatility allows it to be used as a classroom text, an individualized program or a supplemental reference grammar.

Approach and Organization

As you can see by reading the "Organization of each lesson," the inductive method is the underlying approach to learning in this text. The learner is first presented with "in context" examples that model the lesson's grammar topic. These are followed by practice exercises that elaborate on the finer points and additional exercises for further practice. The numerous exercises offer ample opportunity for the students to check their command of the grammar structures. Finally, writing topics offer the learner several creative opportunities to demonstrate understanding and command of the structures.

The first four lessons focus on verb conjugations and the uses of tenses and moods. Many consider these to be the most essential and challenging aspects of Spanish grammar. The grammar points in the other lessons may present simpler structures or require less time to complete. You may want to keep this in mind as you plan your course syllabus.

The lessons are designed so the individual student can work at his or her own pace.

Vocabulary

The vocabulary is standard and current throughout the Spanish-speaking world.

Assessment

The separate booklet, *Testing Program: Blackline Master Tests and Answer Key*, contains two tests for each lesson. These tests allow the teacher and/or the student the opportunity to verify the degree of mastery of each lesson. The first test is the general examination. We recommend that students achieving lower than 80% on the first test review the lesson and take the second test as a makeup.

Available materials include:
> *Una vez más* Hardcover Student Edition
> *Una vez más* Spiral-bound Student Edition
> *Una vez más: Respuestas para la edición del estudiante* (comes
>> shrink-wrapped with Student Edition)
> *Una vez más Testing Program: Blackline Master Tests and Answer Key*

Acknowledgments from the authors

We wish to thank our many colleagues in the profession who so graciously responded to our on-line questionnaire and evaluation of the second edition text. Their criticisms, ideas, suggestions and endorsements have been carefully considered and included in the revision.

We are indebted to our colleagues in the French Department: Hale Sturges II, Henry L. Herbst and Linda Cregg, co-authors of *Une fois pour toutes* which served as the initial model for *Una vez más*.

We offer a very special thank you to our editors Amy Baron, Cole Conlin and Rafael Ríos for their continued support and positive guidance. Their close reading of this third edition has been a valued contribution in making this edition more effective and practical for teaching, learning and mastering the grammatical structures of the Spanish language.

Finally, we would like to thank our families and our friends for their understanding, patience, and encouragement as we worked on this project.

Rebecca D. McCann and Carmel Rodríguez-Walter

El verbo

I. El presente del indicativo

Ejemplos

Él *devuelve* el libro a la biblioteca.
Nosotros *solemos* comer fresas en junio.
¿*Va* a comer Ud. comida china?
Yo *me siento* frente al televisor.
La pereza no *es* una virtud.
Abrimos las persianas.

El agua *está* caliente.
¿*Escucha* él atentamente?
Cuando *nieva*, no *brilla* el sol.
Estamos felices viviendo en el Caribe.
Escribimos los ejercicios de este libro.
Ella *se despide* de sus compañeras.

 Ejercicio de reflexión

Escribir el presente del indicativo.

1. Yo (ir) _____ al centro comercial.

2. El partido (empezar) _____ a las dos.

3. ¿(Leer) _____ Uds. muchos libros?

4. Rafael siempre (despertarse) _____ a las siete.

5. Yo no (tener) _____ tiempo para ir al cine.

6. Ellas (esperar) _____ a sus amigas en la sala.

7. Yo no (hacer) _____ mucho ruido en la biblioteca.

8. ¿(Aburrirse) _____ tú cuando estás sola?

9. Las lluvias torrenciales (destruir) _____ la ciudad costera.

10. Nunca (nevar) _____ en la selva tropical.

Formación

Verbos regulares:

Sujeto / Pronombres personales	hablar	comer	vivir
(yo)	habl-**o**	com-**o**	viv-**o**
(tú)*	habl-**as**	com-**es**	viv-**es**
(él, ella, Ud.)	habl-**a**	com-**e**	viv-**e**
(nosotros)	habl-**amos**	com-**emos**	viv-**imos**
(vosotros)**	habl-**áis**	com-**éis**	viv-**ís**
(ellos, ellas, Uds.)	habl-**an**	com-**en**	viv-**en**

*La forma de vos se usa en la Argentina y Uruguay (*hablás/comés/vivís*).

**La forma de *vosotros* se usa exclusivamente en España.

Verbos irregulares:

Algunos verbos son irregulares solamente en la primera persona singular:

saber	poner	dar	hacer	caer	traer	caber	salir
(yo) sé	pongo	doy	hago	caigo	traigo	quepo	salgo

Otros verbos son irregulares en todas las personas menos en la primera (*nosotros*) y la segunda (*vosotros*) persona plural:

decir	estar	tener	venir	oir
digo	estoy	tengo	vengo	oigo
dices	estás	tienes	vienes	oyes
dice	está	tiene	viene	oye
decimos	estamos	tenemos	venimos	oímos
decís	estáis	tenéis	venís	oís
dicen	están	tienen	vienen	oyen

Algunos verbos son irregulares en todas las personas:

ser	ir	haber
soy	voy	he
eres	vas	has
es	va	ha
somos	vamos	hemos
sois	vais	habéis
son	van	han

Verbos con cambios en la raíz: (Véase la sección Tablas de verbos.)

pensar (ie)	volver (ue)	sentir (ie)	pedir (i)
pienso	vuelvo	siento	pido
piensas	vuelves	sientes	pides
piensa	vuelve	siente	pide
pensamos	volvemos	sentimos	pedimos
pensáis	volvéis	sentís	pedís
piensan	vuelven	sienten	piden

Verbos reflexivos:

Los verbos reflexivos se conjugan colocando el pronombre reflexivo delante del verbo. (Véase la Lección 6, pág. 117.)

Yo *me levanto* temprano. Nosotros *nos acostamos* tarde.
Tú *te sientas* cerca de la salida. Vosotros *os quejáis* de los impuestos.
Él *se burla* de los políticos. Ellos *se acuerdan* de su juventud en Cuba.

Algunos verbos reflexivos de uso frecuente:

despertarse (ie) dormirse (ue) casarse con
sentarse (ie) acostarse (ue) quejarse de
vestirse (i) acordarse de (ue) peinarse

> **NOTA:** Estos verbos también se pueden utilizar en la forma transitiva sin el pronombre reflexivo.
> La peluquera peina a la señora.
> La madre acuesta al bebé en la cuna.

Verbos con cambios ortográficos:

Verbos que terminan en...		cambian...	delante de...	ejemplos:
-ger	coger	$g \rightarrow j$	o	cojo
-gir	dirigir			dirijo
vocal + { -cer	conocer	$c \rightarrow zc$	o	conozco
-cir	traducir			traduzco
-guir	distinguir	se elimina la u	o	distingo
	seguir			sigo
consonante + -cer	vencer	$c \rightarrow z$	o	venzo
	convencer			convenzo

Verbos que terminan en -uir; i → y:

construir	destruir
construyo	destruyo
construyes	destruyes
construye	destruye
construimos	destruimos
construís	destruís
construyen	destruyen

Usos

Verbos de uso idiomático frecuente:

1. El verbo auxiliar *soler (ue)* indica que lo expresado por el verbo principal ocurre repetidamente. Sinónimo: *acostumbrar* o *estar acostumbrado a...* . (Véase la Lección 13, pág. 210.) Se conjuga sólo en algunos tiempos.

   Yo *suelo* sacar buenas notas.　　　　　Los antibióticos *solían* curar las infecciones.
   Nosotros *solemos* escribir con lapicero.　Vosotros *soléis* comer antes de la clase.
   Ella *suele* dormir la siesta todos los días.

2. Expresiones con *hacer*, indicando que una acción continúa en el presente. (Para más usos de *hacer*, véase la Lección 13, pág. 212.)

   Hace poco tiempo que vivo en este barrio.　*Hace* una semana que estamos de viaje.
   Hace un año que está en Chile.

3. Expresiones con *haber*: *haber que* (impersonal) y *haber de* (obligación).

   Hay once jugadores en un equipo de fútbol.　*He de* comprar flores para mi hija.
   Hay que llegar a tiempo al concierto.　　　*Hemos de* ser puntuales siempre.

Ejercicios de comprobación ....

A. Cambiar al plural.

1. Yo me despierto. _____

2. Ella se peina. _____

3. Tú duermes. _____

4. Yo vuelvo. _____

5. Ud. pide. _____

6. Yo niego. _____

7. Él conoce. _____

8. Yo tejo. _____

9. Ella suele correr. _____

10. Tú te levantas. _____

11. Yo me quejo. _____

12. Él piensa. _____

13. Yo empiezo. _____

14. Tú traduces. _____

15. Yo suelo estudiar. _____

16. Tú construyes. _____

17. Ella se acuesta. _____

18. Yo escojo. _____

19. Ud. se viste. _____

20. Yo he de seguir. _____

B. Cambiar al singular.

1. Nosotros comenzamos. _____

2. Vosotros dirigís. _____

3. Ellos se acuerdan. _____

4. Nosotros nos vestimos. _____

5. Ellas consiguen. _____

6. Vosotros os enamoráis. _____

7. Vosotros llegáis. _____

8. Ellas son altas. _____

9. Ellos suelen cantar. _____

10. Nosotros traducimos. _____

C. Contestar a las preguntas afirmativamente.

1. ¿Prepara María el discurso? _____

2. ¿Se pasean ellos por el campo? _____

3. ¿Tocas tú el piano? _____

4. ¿Devuelve él la cámara digital? _____

5. ¿Se acuestan Uds. temprano? _____

6. ¿Buscáis vosotros al perro? _____

7. ¿Sueles ir al cine los sábados? _____

8. ¿Se ven ellas con frecuencia? _____

9. ¿Conoces a todos tus compañeros de clase? _____

10. ¿Dirige Ud. el coro? _____

D. Completar las oraciones del párrafo usando la forma apropiada del verbo entre paréntesis. Todos los tiempos del presente son posibles.

Cuando yo no (1. tener) _____ planes, yo (2. aburrirse) _____.

Por esa razón, mis padres (3. creer) _____ que mis hermanos y yo

(4. deber) _____ trabajar durante el verano. Nosotros (5. soler) _____

buscar empleo en los centros comerciales cerca de nuestra casa. Este verano nosotros

(6. haber) _____ tenido suerte. Mis hermanos (7. haber) _____.

encontrado los mejores y más divertidos puestos. Ahora mismo, ellos

(8. estar) _____ vendiendo helados y batidos en la heladería.

Desgraciadamente, mañana yo (9. ir) _____ a trabajar en la cocina de una

pizzería donde (10. hacer) _____ mucho calor. Nuestros padres

(11. decir) _____ siempre: «La pereza no (12. ser) _____ una

virtud». A pesar de que los jóvenes (13. cansarse) _____ de la rutina diaria del

trabajo veraniego, nosotros (14. alegrarse) _____ de estar ocupados y de ganar

dinero de bolsillo. Todas las noches, cuando yo (15. poner) _____ la cabeza en

la almohada (16. quedarse) _____ dormido en seguida.

E. Terminar cada oración de una manera lógica usando cuatro verbos diferentes en cada oración.

1. Antes de salir de casa por la mañana, yo _____

_____

2. Para preparar una cena elegante, los jefes de cocina _____

_____

3. Cuando vamos al cine, nosotros _____

_____

4. Durante las vacaciones de verano, tú _____

_____

● ● ● ● ● ●

II. *Ser y estar*

Ejemplos

Mi profesor *es* muy exigente.

Tu abuela *está* enferma.

La sede de la N.A.S.A. *está* en Houston.

Estamos cansados.

La blusa *es* de seda.

Carlos Fuentes *es* de México.

Ejercicio de reflexión

Escribir la forma apropiada de *ser* o *estar*.

1. Ellos _____ de las Filipinas.

2. La sopa ya _____ fría.

3. La patineta _____ del niño.

4. _____ la una y veinte de la tarde.

5. ¡Qué bonita _____ tú hoy!

6. El pavo que nosotros _____ comiendo _____ sabrosísimo.

7. El campo _____ cubierto de nieve.

8. Él _____ un estudiante andaluz.

9. No tengo dinero porque (nosotros) _____ a fines de mes.

10. En invierno las ventanas siempre suelen _____ cerradas.

Formación

ser		estar	
soy	somos	estoy	estamos
eres	sois	estás	estáis
es	son	está	están

Explicación

El verbo *ser* expresa cualidades permanentes del sujeto de la oración:

El Escorial *es* un palacio bello y una atracción turística española.
El cuadro de Picasso *es* grande y de estilo cubista.
El campo *es* más tranquilo que la ciudad.
La escalera *es* peligrosa (porque *es* empinada).

El verbo *estar* expresa cualidades pasajeras:

Tu hija *está* muy linda en la foto de su boda.
El campo en Extremadura *está* muy verde en la primavera.
La escalera *está* peligrosa (porque *está* cubierta de hielo).

Usos

Ser

1. Para expresar una cualidad innata o permanente del sujeto

   La nieve *es* blanca.
   La hierba *es* verde.

2. Nacionalidad y origen

   El carro *es* de Alemania.
   Yo *soy* de Venezuela.
   Ellas *son* nicaragüenses.

3. Propiedad

   El bolígrafo *es* de María.
   La bolsa *es* de Cecilia.

4. Material

   La mesa del Presidente *es* de caoba.
   Los vestidos de Leticia y Ana *son* de lana.

5. Profesión, religión o partido político

   Ella *es* periodista.
   El candidato *es* demócrata.

6. Destino

   Los paquetes de víveres *son* para las víctimas del huracán.

7. La hora y la fecha

   Son las doce y media.
   Es la una de la tarde.
   —¿Qué día *es* hoy? —Hoy *es* el 12 de octubre, el Día de la Hispanidad.

NOTA: A veces la fecha se expresa con el verbo *estar*:

¿A cuántos *estamos* hoy?

Estamos a diez de mayo.

8. Expresiones impersonales

Es obvio. *Es* natural. *Es* difícil. *Es* posible.

¡*Es* una lástima! *Es* necesario.

9. Por lo general, se usa el verbo *ser* con los adjetivos *pobre, rico, joven, viejo, feliz.*

Él *es* feliz.

Ud. *es* muy rico.

Mi automóvil *es* muy viejo.

Estar

1. Cuando la cualidad o el estado es el resultado de un cambio o de una acción anterior

La puerta *está* abierta. (porque alguien la abrió)

La luz *está* apagada o encendida. (porque alguien la apagó o la encendió)

La nieve *está* sucia. (porque hace tres días que nevó)

La comida *está* fría. (porque hace tiempo que fue servida)

El libro *está* cerrado. (porque alguien lo cerró)

2. Ubicación (lugar donde algo está situado) (Fíjese en el uso de la preposición *en*.)

El coche y la moto *están* en el garaje.

El museo del Prado *está* en Madrid.

Barranquilla *está* en Colombia.

La Fortaleza de la Cabaña *está* en la bahía de La Habana.

3. Situación temporal

Yo *estoy* enfermo hoy.

Mi madre *está* cansada porque trabaja de noche.

Él sonríe tanto porque *está* contento.

Ella llora porque *está* triste.

4. Para expresar una percepción o una opinión personal

Esta comida *está* muy rica porque tiene una sazón sabrosa.

Anita es bonita, pero con el vestido rojo *está* mucho más atractiva.

¡Qué bello *está* el jardín lleno de azucenas!

Algunos modismos de uso frecuente con *estar*:

estar de acuerdo	estar a régimen
estar de buen/mal humor	estar en la luna/en las nubes
estar de moda	estar a punto de
estar de juerga/de fiesta	estar bien/mal visto
estar harto	estar confuso

¿Ser o estar?

Algunos adjetivos cambian su significado según el uso de *ser* o *estar*.

Ser	**Estar**
ser bueno (característica)	estar bueno (sabor, precio)
ser malo (característica)	estar malo (enfermo)
ser fresco (mal educado)	estar fresco (no estar rancio, no hacer calor)
ser borracho (alcohólico)	estar borracho (temporal)
ser vivo (astuto)	estar vivo (vivir)
ser nervioso (característica)	estar nervioso (temporal)
ser listo (inteligente)	estar listo (preparado)
ser verde (color)	estar verde (sin madurar)

Juan Carlos *es* un muchacho muy listo.
Juan Carlos *está* listo para enfrentarse con la vida.

Ejercicios de comprobación ....

A. Escribir la forma apropiada de *ser* o *estar*.

1. —¿Qué hora _____?

   —_____ las siete en punto.

2. El clima de la Florida _____ húmedo.

3. _____ cierto; hoy _____ miércoles.

4. Las fresas con crema _____ deliciosas.

5. Estas flores _____ para ti.

6. El cuarto _____ lleno de polvo.

7. Su padre _____ ejecutivo de una empresa multinacional.

8. La estatua de Velázquez _____ frente al Museo del Prado.

9. La Pirámide del Sol _____ muy cerca de la Pirámide de la Luna.

10. No _____ prudente hacerlo ahora.

11. ¿_____ la isla de Pascua en el Atlántico o en el Pacífico?

12. _____ una persona buena, lista y simpática.

13. Yo _____ cansada después de correr tanto.

14. ¿De quién _____ esta bicicleta?

15. La niña llora porque _____ triste.

16. Ya _____ la una y nosotros _____ listos para salir.

17. Su casa _____ situada (ubicada) en una colina.

18. El señor Ramírez _____ viudo.

19. Una isla tropical _____ ideal para las vacaciones.

20. Hoy el gazpacho _____ riquísimo. (Está mejor que el de otros días.)

B. Inventar un sujeto y escribir la forma apropiada de *ser* o *estar* para completar cada oración.

1. _____ frente al supermercado.

2. _____ de algodón.

3. _____ estadounidense.

4. _____ listo, siempre saca buenas notas.

5. —¡_____ guapísimo con este traje! Te ves muy bien.

6. _____ mis mejores amigos.

7. _____ una atleta famosa.

8. _____ las tres y media de la madrugada.

9. _____ del estado de Colorado.

10. _____ muy ocupados hoy.

11. _____ verdes.

12. _____ preocupado por la situación económica.

13. _____ lleno de gente.

14. _____ diciéndonos una mentira.

15. _____ enfermo; por eso, no ha venido a clase.

C. Completar las oraciones a continuación con el verbo *ser* o *estar*.

1. La chica tiene fiebre, por eso _____.

2. Vamos a comprar una propiedad en la Costa Brava. ¡_____

_____!

3. Saco buenas notas porque _____.

4. Él diseña los planos para un museo que _____.

5. Los niños tienen que acostarse porque _____.

6. Siempre viajo en avión porque _____.

7. Me lavo el pelo con un champú natural porque _____

_____.

8. Tengo una amiga que no habla inglés muy bien porque _____

_____.

9. Nuestro equipo siempre gana muchos partidos de baloncesto. ¡_____

_____!

10. En las zonas tropicales están cortando muchos árboles y eso _____

_____.

D. Entrevista. Escribir 10 preguntas dirigidas a un estudiante hispanoamericano que estudia en los Estados Unidos por primera vez.

1. ¿————————————————————————————————?

2. ¿————————————————————————————————?

3. ¿————————————————————————————————?

4. ¿————————————————————————————————?

5. ¿————————————————————————————————?

6. ¿————————————————————————————————?

7. ¿————————————————————————————————?

8. ¿————————————————————————————————?

9. ¿————————————————————————————————?

10. ¿———————————————————————————————?

● ● ● ● ● ●

III. El gerundio

Ejemplos

El avión está *despegando* de la pista.
Mi tío está *llamando* de su celular.
Ellos están *bailando* el tango.
La policía está *persiguiendo* al pillo.

El abuelo está *leyendo* el periódico.
¿Qué estás *haciendo*?
"*Hablando* se entiende la gente."

Ejercicio de reflexión

Escribir el gerundio de los verbos.

1. Nosotros estamos (pedir) ———————————— más dinero.

2. Está (llover) ———————————— mucho ahora.

3. ¡Silencio! Los niños están (dormir) ————————————.

4. Ella sigue (repetir) ———————————— lo mismo.

5. Los caballos vienen (trotar) ———————————— por la pampa.

6. El mesero está (servir) ———————————— el postre.

7. Los niños están (reírse) ———————————— a carcajadas.

8. Ellas siguen (creer) ———————————— en los extraterrestres.

9. El senador comenzó su discurso (elogiar) _____ a sus colegas.

10. Él siempre está (gruñir) _____ por todo.

....

Formación

El gerundio expresa una acción durativa en proceso de ejecución.

Gerundios regulares:

hablar	**comer**	**vivir**
habl-**ando**	com-**iendo**	viv-**iendo**

Gerundios de verbos con la terminación *-ir* y cambio en la raíz:

morir	→ muriendo	vestirse	→ vistiéndose
dormir	→ durmiendo	pedir	→ pidiendo
seguir	→ siguiendo	sentir	→ sintiendo

Gerundios con irregularidades:

ir	→ **y**endo	oír	→ o**y**endo	reñir	→ ri**ñ**endo
leer	→ le**y**endo	venir	→ v**i**niendo	gruñir	→ gru**ñ**endo
traer	→ tra**y**endo	poder	→ p**u**diendo	teñir	→ ti**ñ**endo
creer	→ cre**y**endo	destruir	→ destru**y**endo	zambullir	→ zambull**endo**

Usos

1. Para expresar el tiempo progresivo (la acción durativa en proceso de ejecución) se usa el verbo auxiliar *estar* y el gerundio.

> *Están viendo* los dibujos animados.
> *Estás pensando* en lo que tienes que hacer.
> Él *está oyendo* las noticias.

NOTA: También se emplea esta construcción en otros tiempos.
> *Estuve durmiendo* toda la mañana. (pretérito)
> *Estaré estudiando* toda la noche. (futuro)
> *Estaba comiendo* a las once. (imperfecto)

2. Se puede expresar la acción durativa con los verbos *ir, seguir, continuar, venir, andar,* etc.

> Los políticos del centro *andan diciendo* que ganarán las elecciones.
> ¡*Continúe leyendo*!
> La luz *va disminuyendo* poco a poco.

Los espectadores *salen llorando* de la película.
Los músicos de la tuna *vienen cantando* por las calles de Madrid.

3. El gerundio responde a la pregunta: *¿Cómo?* o *¿De qué manera?*

—*¿Cómo* pasa Ud. sus horas de ocio?
—Las paso *haciendo* deportes o *leyendo*.

—*¿Cómo* te mantienes delgada?
—*Corriendo* a menudo.

—*¿Cómo* empieza el profesor la clase?
—La empieza *contando* chistes.

✓ Ejercicios de comprobación ....

A. Completar la oración con las construcciones correctas usando el gerundio.

1. El Sr. Villegas (seguir dar) _____
   clases de guitarra.

2. Los mariachis (venir cantar) _____
   por la terraza del restaurante.

3. (Escuchar) _____ con cuidado se entiende mejor.

4. La joven (estar dormir) _____
   la siesta en la hamaca.

5. ¡Yo (estar divertir) _____ a los niños
   con trucos de magia!

6. ¡Ay! Tú me (estar tomar) _____ el pelo.

7. En la plaza de toros todos (seguir aplaudir) _____
   al torero.

8. ¿Qué asignatura (estar estudiar) _____
   tú ahora?

9. ¿Por qué no (estar oír) _____
   tu podcast favorito?

10. La pobre (seguir buscar) _____
    algo de comer.

11. El policía (estar reñir) _____
    con el pillo.

12. (Cuidar) _____ el cuerpo, se prolonga la vida.

13. Salimos del concierto (repetir) _____ la letra de la canción.

14. Los periodistas (estar entrevistar) _____ al primer
    ministro.

15. Mientras (estar comer) _____
    miramos la televisión.

B. Cambiar el verbo al tiempo progresivo.

1. El camarero nos sirve las bebidas.

   _____

2. Nosotros leemos las noticias en el periódico *El País*.

   _____

3. ¿Qué hacéis allí en la calle?

   _____

4. Yo le digo la verdad.

   _____

5. Tú te ríes constantemente.

   _____

6. La planta se muere por falta de agua.

   _____

7. Todavía llueve.

   _____

8. Los dos juegan en la arena.

   _____

9. No sienten el efecto de la contaminación ambiental.

   _____

10. El policía pone multas.

   _____

C. Contestar a las preguntas usando el presente progresivo en las respuestas para crear un breve diálogo entre un joven español y una joven norteamericana en la cafetería del aeropuerto de Barajas, en Madrid.

—¿Y que haces aquí?

—Pues, yo (1. esperar) _____ .

—Quise decir, ¿qué haces en España?

—Soy universitaria y (2. estudiar) _____ literatura.

—¿En qué universidad estás?

—En la universidad de Salamanca y yo (3. tomar) _____ un curso de literatura del Siglo de Oro.

—¿Te gusta la ciudad de Salamanca?

—Sí, mis amigos y yo (4. divertirse) _____ mucho allí.

—Ya llega el avión, ¿por qué puerta salen los pasajeros?

—Escucha. El altavoz (5. anunciar) _____ la puerta.

IV. El participio pasado

Ejemplos

Las noticias están *traducidas* al inglés.
Nosotros hemos *traducido* el artículo.

La política es un tema muy *discutido*.
Ellos han *discutido* el tema.

Hay una ventana *rota* en el aula.
¿Quién la ha *roto*?

La conferencia es muy *aburrida*.
Me ha *aburrido* la conferencia.

La manifestación está bien *organizada*.
Ellos han *organizado* bien la reunión.

Ejercicio de reflexión

Escribir el participio pasado usado como verbo o como adjetivo.

1. Nuestros vecinos se han (trasladar) _____ a San José, la capital de Costa Rica.

2. Ella es una persona muy (informar) _____; lee el periódico en la Red.

3. Sus libros y papeles se han (perder) _____.

4. Yo no he (ver) _____ esa película todavía.

5. ¡Qué cansado estás! ¿No has (dormir) _____ bien?

6. José ha (romper) _____ la maceta de geranios.

7. ¿Quién ha (traer) _____ un regalo para papá?

8. ¡Qué pena! El árbol está (morir) _____.

9. La tierra está (cubrir) _____ de nieve.

10. He (pensar) _____ mucho en ti.

Formación

El participio pasado (pasivo) se forma con las terminaciones: *-ado* e *-ido*.

Participios regulares:

hablar	comer	vivir
habl-**ado**	com-**ido**	viv-**ido**

Participios irregulares:

abrir	**abierto**	escribir	**escrito**	romper	**roto**	freír	**frito**
cubrir	**cubierto**	describir	**descrito**	poner	**puesto**	ver	**visto**
volver	**vuelto**	morir	**muerto**	decir	**dicho**	hacer	**hecho**
resolver	**resuelto**	absolver	**absuelto**	imprimir	**impreso**		

Verbos con dos participios pasados:

Algunos verbos tienen un participio que se usa con los tiempos compuestos y otro como adjetivo.

Ejemplos

He *freído* el pescado y las papas. Me gusta el pescado *frito*. Me gustan las papas *fritas*.

Los ciudadanos *han elegido* al candidato. El candidato *electo* es republicano.

La doctora Suárez me ha *sustituido*. La doctora Suárez es mi *sustituta*.

Infinitivo	En tiempos compuestos	Como adjetivo
completar	completado	completo
concretar	concretado	concreto
imprimir	imprimido	impreso
corromper	corrompido	corrupto
descalzar	descalzado	descalzo
desnudar	desnudado	desnudo
despertar	despertado	despierto
elegir	elegido	electo
exceptuar	exceptuado	excepto
extender	extendido	extenso
limpiar	limpiado	limpio
abstraer	abstraído	abstracto
llenar	llenado	lleno
vaciar	vaciado	vacío
madurar	madurado	maduro
maldecir	maldecido	maldito
marchitar	marchitado	marchito
precisar	precisado	preciso
secar	secado	seco
sujetar	sujetado	sujeto
suspender	suspendido	suspenso
sustituir	sustituido	sustituto

Usos

1. Con el verbo auxiliar *haber* para formar los tiempos compuestos. (Véase la conjugación de *haber* en la pág. 2.) El participio pasado nunca cambia.

> La nave espacial *ha circunnavegado* la luna.
> Ellas *han hecho* un viaje a Santiago de Compostela.
> Todos *hemos oído* la explosión.

2. Como adjetivo, el participio pasado concuerda en género y número con el sujeto.

> La obra de teatro es muy *divertida*.
> Me fascina el arte *abstracto*.
> El pollo *frito* es la especialidad de la cocina del sur.

3. Para expresar la voz pasiva con el verbo *ser*.

> El taxi *es conducido* por un taxista.
> Los países en vías de desarrollo *son ayudados* por los países más industrializados.

> **NOTA:** En algunos países, en la lengua hablada, la *d* del participio pasado de la primera conjugación (-*ado*) no se pronuncia:
> colorado = colorao   ¿Dónde has *comprao* ese vestido?
> cansado = cansao

✓ Ejercicios de comprobación ....

A. Escribir el participio pasado usado como verbo o como adjetivo.

1. Yo he (oír) _____ las noticias en la radio.

2. Pedimos dos hamburguesas y papas (freír) _____.

3. Es un suéter de alpaca (hacer) _____ en Perú.

4. ¿Quién ha (leer) _____ el periódico?

5. La familia está muy (animar) _____ porque va de vacaciones a la Costa del Sol.

6. Las ventanas están (abrir) _____.

7. Cristina no ha (poner) _____ las flores en el florero.

8. ¿Están (sentar) _____ los alumnos?

9. El párrafo está muy bien (escribir) _____.

10. Han (morir) _____ muchos soldados en las guerras.

11. Los niños no están (despertar) _____.

12. La pobre chica tiene la pierna (romper) _____.

13. Les he (decir) _____ a Uds. que tengo prisa.

14. El asaltante tenía la cara (cubrir) _____ con una media.

15. Nosotros estamos (resolver) _____ a sacar buenas notas en este examen y hemos (estudiar) _____ mucho.

16. Unos niños (descalzar) _____ corren por la playa.

17. El terrorista ha (confesar) _____ que él es el culpable.

18. Es domingo; las calles del centro de la ciudad están (vaciar) _____.

19. El niño está (despertar) _____ desde las seis.

20. La epidemia se ha (propagar) _____ por todas partes.

B. Escribir dos oraciones originales sobre los acontecimientos que han ocurrido en los últimos doce meses y usar los verbos en el participio pasado.

1. En los EE.UU. _____

_____

2. En Latinoamérica _____

_____

3. En Europa _____

_____

4. En mi pueblo/ciudad _____

_____

C. Hacer una lista de cuatro cosas que aún no has hecho en tu vida.

Modelo: No *he ganado* la lotería todavía.

1. _____
2. _____
3. _____
4. _____

• • • • • •

V. La voz pasiva

La voz pasiva con el verbo ser

Ejemplos

Los incendios destruyen muchos edificios.
Muchos *edificios son destruidos por* los incendios.
Los arqueólogos de nuestro hemisferio descubren muchas ruinas.
Muchas *ruinas son descubiertas por* los arqueólogos de nuestro hemisferio.
Todo el mundo busca la felicidad.
La *felicidad es buscada por* todo el mundo.

Ejercicio de reflexión

Cambiar a la voz pasiva.

1. El niño cierra la puerta.

_____

2. El guía explica el famoso cuadro *Guernica.*

_____

3. Las tropas enemigas invaden nuestro territorio.

_____

4. Millones de personas ven las exposiciones mundiales.

_____

5. Los sabios repiten los refranes.

_____

....

Formación

La voz pasiva se forma con el verbo *ser* y el participio pasado que concuerda con el sujeto. La preposición *por* precede al agente (persona o cosa que produce la acción del verbo) de la oración.

sujeto	+	ser	+	participio pasado	+	por	+	agente
La casa		es		decorada		por		el decorador.

> **NOTA:** A veces, en el lenguaje literario se emplea *de* en vez de *por* después de verbos de emoción tales como *amar, querer, respetar, envidiar, temer,* etc.
>
> El dictador *es odiado de* todos.   La reina *es admirada de* todos.

La voz pasiva con se:

Ejemplos

El café Altagracia *se cultiva* en La República Dominicana.
Las naranjas *se cultivan* en Valencia.
Este año *se verá* un cometa.
El crimen *se descubrió* al fin.

En la Argentina *se come* mucha carne.
Se ha visto un avión volando a gran altura.
Se hablan cuatro idiomas en Suiza.
Se prohíbe fumar en los sitios públicos.

Usos

Este uso es frecuente cuando el sujeto es una cosa y no una persona y cuando el agente no está determinado o cuando éste no importa.

El verbo concuerda con el sujeto.

> **NOTA:** En español la voz pasiva no se emplea tanto como en inglés. Es preferible usar la voz activa.

Ejercicios de comprobación ....

A. Cambiar de la forma activa a la forma pasiva con *se*.

1. En México preparan las tortillas con maíz.

   _____

2. Escriben los adjetivos de nacionalidad con letra minúscula.

   _____

3. En España fríen el pescado en aceite de oliva.

   _____

4. En los restaurantes sirven pan con las comidas.

   _____

5. En esta clase exigen una preparación meticulosa.

   _____

B. Cambiar de la voz pasiva a la voz activa.

1. El asado es preparado por un buen jefe de cocina.

   _____

2. Las tesis son discutidas por los especialistas.

   _____

3. La cosecha es destruida por la tempestad.

   _____

4. Cada año la costa es invadida por millones de turistas.

   _____

5. El club es frecuentado por los universitarios.

   _____

6. El embajador es nombrado por el primer ministro.

   _____

7. El perrito es atendido por el veterinario.

   _____

8. Las pandillas son temidas de todos.

   _____

9. Los buenos actores son premiados por la Academia del Cine.

   _____

10. El atleta es reconocido por el público.

    _____

VI. El imperativo (Los mandatos)

Ejemplos

¡*Cantemos* las canciones!

"*Haz* bien y *no mires* a quién."

"*Dime* con quién andas y te diré quién eres."

¡*No os quejéis* demasiado!

¡*Levántate*!

¡*Siéntense*!

¡*Pague* a la salida. *No le pague* al mesero!

¡*No tengas* miedo!

¡*Venid* a la fiesta con nosotros!

Ejercicio de reflexión

Escribir el mandato apropiado.

1. (Venir) _____ Uds. a vernos.

2. No (olvidar) _____ tú el abrigo.

3. (Salir) _____ vosotros de la casa.

4. No (acostarse) _____ Uds. tarde.

5. (Sacar) _____ Ud. el pasaporte, por favor.

6. No (quedarse) _____ tú mucho tiempo en la playa.

7. ¡(Levantarse) _____ Uds.!

8. No (ir) _____ nosotros a la reunión.

9. (Marcharse) _____ vosotras en seguida.

10. No (equivocarse) _____ tú de la fecha de la boda.

Formación

El imperativo puede ser formal (*Ud.*, *Uds.*), familiar (*tú*, *vosotros*), exhortativo (*nosotros*) o indirecto.

El imperativo formal

El imperativo formal (*Ud.*, *Uds.*), afirmativo y negativo, se forma añadiendo *-e* o *-en* a la raíz de los verbos que terminan en *-ar* y añadiendo *-a* o *-an* a la raíz de los verbos que terminan en *-er* o *-ir*. (Estas formas son iguales al presente del subjuntivo.)

hablar	**comer**	**escribir**
(no) habl-**e** Ud.	(no) com-**a** Ud.	(no) escrib-**a** Ud.
(no) habl-**en** Uds.	(no) com-**an** Uds.	(no) escrib-**an** Uds.

Todos los verbos que tienen irregularidades o cambios en la raíz en la primera persona del presente, mantienen tales irregularidades o cambios en el imperativo.

repetir	salir	traducir	dormir	oir
Repita Ud.	Salga Ud.	Traduzca Ud.	Duerma Ud.	Oiga Ud.
Repitan Uds.	Salgan Uds.	Traduzcan Uds.	Duerman Uds.	Oigan Uds.

El imperativo familiar

1. La forma afirmativa del imperativo familiar singular (*tú*) se forma con la 3ª persona singular del presente del indicativo.

    habl-**a** (tú)   com-**e** (tú)   escrib-**e** (tú)

    Los mandatos irregulares con *tú*:

decir → **di**	ir → **ve**	salir → **sal**	tener → **ten**
hacer → **haz**	poner → **pon**	ser → **sé**	venir → **ven**

    El negativo se forma con la 2ª persona singular (*tú*) del presente del subjuntivo:

    no habl-**es** (tú)   no com-**as** (tú)   no escrib-**as** (tú)

2. El imperativo afirmativo con *vosotros* se forma sustituyendo la *r* final del infinitivo por *d*. Esta forma se usa únicamente en España; en Latinoamérica en vez de *vosotros* se usa la forma de *Uds*.

    habl–**ad** (vosotros)   com–**ed** (vosotros)   escrib–**id** (vosotros)

    Si el verbo es reflexivo, se omite la *d* final.

    sent**aos**   despert**aos**   vest**íos**

    El imperativo negativo con *vosotros* se forma con la 2ª persona plural del presente del subjuntivo.

    no habl–**éis**   no com–**áis**   no escrib–**áis**

El imperativo exhortativo

El imperativo exhortativo (*nosotros*) afirmativo se forma de dos maneras.

1. *vamos a* + infinitivo

    Vamos a cantar.
    Vamos a volver a casa.

2. con la 1ª persona plural del presente del subjuntivo

    ¡Cantemos!   *¡Volvamos a casa!*
    Excepción: *(ir) ¡Vamos!*

    NOTA: La *–s* final de los verbos reflexivos se omite.
    ¡Levantémonos!   *¡Sentémonos!*   *¡Despidámonos!*
    Excepción. *(irse) ¡Vámonos!*

3. El imperativo exhortativo negativo se forma con la 1ª persona plural del subjuntivo.

¡*No cantemos*!   ¡*No nos levantemos* hasta más tarde!

¡*No volvamos* todavía!   ¡*No nos vayamos* hasta mañana!

El imperativo indirecto

El mandato indirecto se forma con la 3ª persona y se introduce por *que*:

¡*Que venga* Natalia mañana!   ¡*Que canten* ellos!

¡*Que se levante* él!   ¡*Que* lo *hagan* ellos!

En la forma afirmativa los pronombres complemento y los reflexivos se conectan al verbo.

Cómalo. (el plátano)   Ábrela. (la puerta)   Ciérrelo. (el cuaderno)

En la forma negativa se colocan delante del verbo.

No lo coma.   No la abras.   No lo cierre.

Comparar estos mandatos:

Afirmativo	Negativo
¡Levántense!	¡No se levanten!
¡Háblame despacio!	¡No me hables tan despacio!
¡Bésame mucho!	¡No me beses tanto!
¡Abridlo! (el libro)	¡No lo abráis!
¡Abróchenselo! (el cinturón)	¡No se lo abrochen!
¡Comprémonos un carro!	¡No nos compremos un carro!
¡Vámonos!	¡No nos vayamos!

NOTA: Se oye el infinitivo en vez del mandato de vosotros en el lenguaje coloquial en España.

Ejercicios de comprobación ....

A. Cambiar la oración según el modelo usando el mandato afirmativo.

     Modelo: Tú no comes naranjas.   ¡*Come naranjas!*

1. Tú no escuchas bien. ¡_____!

2. No me dices la verdad. ¡_____!

3. Usted no va a la biblioteca para estudiar. ¡_____!

4. No le damos a él el dinero. ¡_____!

5. No salís ahora. ¡_____!

6. Uds. no terminan el crucigrama. ¡_____!

7. Tú no empiezas el proyecto hoy. ¡_____!

8. Vosotros no seguís mi ejemplo. ¡_____!

9. Tú no duermes en el sofá. ¡_____!

10. Uds. no conducen con cuidado. ¡_____!

B. Cambiar la oración a la forma negativa.

1. Comed el pan. ¡＿＿＿＿＿＿＿＿＿＿＿＿＿＿＿＿＿＿!

2. Busca tus llaves. ¡＿＿＿＿＿＿＿＿＿＿＿＿＿＿＿＿＿!

3. Ve a la oficina del director. ¡＿＿＿＿＿＿＿＿＿＿＿＿!

4. Bañémonos en el Mediterráneo. ¡＿＿＿＿＿＿＿＿＿＿!

5. Hazlo para él. ¡＿＿＿＿＿＿＿＿＿＿＿＿＿＿＿＿＿＿!

6. Traed la merienda. ¡＿＿＿＿＿＿＿＿＿＿＿＿＿＿＿!

7. Deme Ud. su carnet de identidad. ¡＿＿＿＿＿＿＿＿＿!

8. Diviértanse Uds. en el banquete. ¡＿＿＿＿＿＿＿＿＿!

9. Devuélvemelo mañana. ¡＿＿＿＿＿＿＿＿＿＿＿＿＿!

10. Crucemos la calle en la esquina. ¡＿＿＿＿＿＿＿＿＿!

C. Escribir el mandato con el verbo indicado.

1. (sentarse) ¡＿＿＿＿＿＿＿＿ Ud. en la primera fila!

2. (tener) Hijo mío, ¡＿＿＿＿＿＿＿ paciencia!

3. (llegar) ¡No＿＿＿＿＿＿＿ Uds. tarde!

4. (salir) ¡＿＿＿＿＿＿＿ (nosotros) ahora mismo!

5. (pagar) ¡＿＿＿＿＿＿＿ (vosotros) la cuenta al salir!

6. (perder) ¡No＿＿＿＿＿＿＿ Uds. tiempo!

7. (decir) ¡＿＿＿＿＿＿＿ Ud. siempre la verdad!

8. (acostarse) Niños, ¡＿＿＿＿＿＿＿ en seguida!

9. (venir) ¡＿＿＿＿＿＿＿ tú a verme!

10. (mantenerse) ¡＿＿＿＿＿＿＿ Uds. en forma!

11. (callarse) ¡＿＿＿＿＿＿＿ Uds.! ¡Queremos estudiar!

12. (irse) ¡No＿＿＿＿＿＿＿ vosotros sin avisarnos!

D. 1. En las situaciones a continuación, ¿qué se le dice a una amiga?

a. Si quieres estar bien informada, ＿＿＿＿＿＿＿＿＿＿

＿＿＿＿＿＿＿＿＿＿＿＿＿＿＿＿＿＿＿＿＿＿＿＿＿＿

b. Si quieres sacar buenas notas, ＿＿＿＿＿＿＿＿＿＿

＿＿＿＿＿＿＿＿＿＿＿＿＿＿＿＿＿＿＿＿＿＿＿＿＿＿

c. Si quieres ganar mucho dinero, ＿＿＿＿＿＿＿＿＿＿

＿＿＿＿＿＿＿＿＿＿＿＿＿＿＿＿＿＿＿＿＿＿＿＿＿＿

d. Si quieres tener muchas amistades, ＿＿＿＿＿＿＿＿

＿＿＿＿＿＿＿＿＿＿＿＿＿＿＿＿＿＿＿＿＿＿＿＿＿＿

2. En las situaciones a continuación, ¿qué les dicen los padres a sus hijos?

a. Para que ayuden en casa, _____

_____

b. Para que tengan buena salud, _____

_____

c. Para que tengan éxito en el futuro, _____

_____

d. Para que no tengan problemas en la vida, _____

_____

● ● ● ● ● ●

VII. Repaso

♻ Ejercicios de repaso

A. Escribir la forma apropiada del verbo en el presente del indicativo.

1. Yo no (conocer) _____ bien la ciudad y por eso

    (conducir) _____ muy lentamente.

2. ¿Cuánto (valer) _____ las computadoras ahora?

3. Hace un mes que vosotros (estar) _____ comprometidos.

4. Yo no (saber) _____ qué contestarte.

5. ¿Por qué no (traer) _____ Uds. todo lo necesario para la fiesta?

6. Cuando una persona (caerse) _____ de la escalera,

    (hacerse) _____ daño.

7. Los dos (cuchichear) _____ durante la película.

8. El sol (calentar) _____ los paneles solares.

9. ¿(oler) _____ Ud. el perfume que yo

    (llevar) _____?

10. ¿(acordarse) _____ tú de la fecha de tu aniversario de boda?

11. "Perro que (ladrar) _____, no (morder) _____."

12. ¿Qué (pensar) _____ hacer Uds. por la tarde?

13. Nosotros no lo (consentir) _____.

14. La coordinadora (corregir) _____ los errores de los traductores.

15. Margarita (ser) _____ una persona que nunca

    (enojarse) _____ .

16. La ambulancia (acudir) _____ al lugar del choque.

17. Carlos (enfermarse) _____ cada vez que (comer) _____

    mariscos.

B. Escribir el mandato indicado.

1. (Apagar) _____ Uds. las luces para ahorrar energía.

2. (Aprovechar) _____ (tú) de estos días para descansar.

3. No (acostarse) _____ (tú) sin darnos un beso.

4. Señores pasajeros, (abrocharse) _____ los cinturones de

   seguridad y no (fumar) _____ .

5. (Colocar) _____ Uds. todo en el mostrador.

6. ¡Que no (correr) _____ él en el pasillo!

7. (Almorzar) _____ (nosotros) al aire libre.

8. (Escoger) _____ Ud. entre estos dos colores.

9. Paco, no (desaparecer) _____ (tú) a la hora de lavar los platos.

10. Que (distribuir) _____ el gobierno la información necesaria.

11. Niños, no (moverse) _____ vosotros de aquí.

12. (Cancelar) _____ Uds. sus reservas en el hotel.

13. No (pisar) _____ (tú) la hierba.

14. (Practicar) _____ nosotros el esquí acuático.

15. (Interpretar) _____ nosotros las palabras del embajador de Bolivia.

C. Cambiar de la voz activa a la voz pasiva.

1. Julia Álvarez escribe muchas novelas. _____

2. La poetisa lee los poemas. _____

3. España e Italia exportan frutas. _____

D. Cambiar de la voz pasiva a la voz activa.

1. El Canal de Panamá es atravesado por muchos barcos.

   _____

2. Los pacientes con tuberculosis son curados por el médico.

   _____

3. Las reglas de conducta son establecidas por los decanos.

   _____

E. Cambiar de la forma activa a la forma pasiva con *se*.

1. Hablan portugués en el Brasil. _____

2. En las islas del Caribe comen muchas habichuelas. _____

3. En la Argentina producen mucho trigo. _____

F. Escribir la forma apropiada de *ser* o *estar*.

1. Lo que _____ diciendo ellos, no me gusta.

2. Viña del Mar _____ en la costa del Pacífico.

3. _____ preferible que lo hagan Uds. cuanto antes.

4. El edificio _____ construido por una compañía alemana.

5. Aquella empresa japonesa _____ muy conocida por todo el mundo.

6. Tus lentes de contacto _____ muy caros; no los pierdas.

7. ¡Qué bolso tan bonito! ¿ _____ de cuero?

8. La sopa _____ caliente.

9. La carnicería _____ cerca de la panadería.

10. Ellas _____ contentas porque no hay cola en el cine.

11. La cadena _____ de plata de ley y _____ fina.

12. _____ las dos de la madrugada; todos _____ cansadísimos.

13. Él dice que _____ de Bolivia, pero que ahora

    _____ aquí en Nueva York.

14. Ella _____ muy ingenua porque _____ tan joven.

15. Los estudiantes _____ alegres cuando sacan buenas notas.

G. Completar las oraciones de este párrafo usando la forma apropiada del verbo entre paréntesis. Todos los tiempos del presente son posibles.

En la vida, yo siempre (1. haber) _____ tenido suerte aunque no

me han (2. faltar) _____ algunas dificultades. De la infancia yo

(3. recordar) _____ bien muchas de las actividades propias de la niñez

y yo (4. verse) _____ : (5. jugar) _____ ,

(6. correr) _____ , (7. aprender) _____ a leer y a

escribir, (8. viajar) _____ a casa de mis abuelos,

(9. divertirse) _____ con mis hermanos y primos en la playa y

(10. ver) _____ las películas de Walt Disney. De la adolescencia

(11. tener) _____ recuerdos más recientes. Yo

(12. pensar) _____ que entre los trece y veinte años nosotros

(13. poder) _____ descubrir y apreciar nuestras preferencias de la

edad adulta. Un joven (14. conocer) _____ a gente nueva,

(15. charlar) _____ con amigos, (16. salir) _____

a fiestas, (17. oír) _____ música, (18. ver) _____

películas y (19. estudiar) _____ para prepararse para la vida

adulta. Los jóvenes (20. tener) _____ que pasar por las etapas de

los éxitos: (21. ganar) _____ premios en la escuela,

(22. ser) _____ miembros del equipo de deportes que

(23. derrotar) _____ a otro, (24. enamorarse) _____.

Por otro lado, los jóvenes (25. sufrir) _____ al enfrentarse con

problemas cuando (26. suspender) _____ una asignatura en la escuela,

cuando (27. ser) _____ rechazados por otros chicos o chicas y

cuando (28. sentir) _____ la inseguridad de una nueva etapa de

la vida. Los mayores (29. decir) _____ que la juventud

(30. ser) _____ la edad más feliz de la vida. Sin embargo, los

padres siempre (31. imponer) _____ muchas restricciones y

siempre (32. repetir) _____ las mismas cosas: ¡No

(33. acostarse–tú) _____ tarde!

(34. Comer–tú) ¡_____ bien!

(35. Conducir–tú) ¡_____ más despacio! Y

(36. tener–tú) ¡_____ cuidado! En mi opinión, nosotros

nunca (37. apreciar) _____ bastante lo que

(38. tener) _____ en un momento dado del presente. Todos

(39. deber) _____ recordar el refrán: "El hijo del bueno, pasa malo y

bueno". Este refrán (40. querer) _____ decir que si nosotros

(41. recibir) _____ una buena educación, nosotros

(42. poder) _____ hacer frente a cualquier adversidad o dificultad de la

vida. (43. Haber) _____ que aprovechar de todas las experiencias que

la vida nos (44. ofrecer) _____ y nosotros

(45. haber) _____ de vivir (46. disfrutar) _____

del presente, como (47. decir) _____ la frase latina: "Carpe diem".

H. Escribir la forma del verbo indicado según el contexto del pasaje.

La ley antitabaco

(1. Haber)_____ entrado en vigor la ley antitabaco que

(2. afectar)_____ los bares y los restaurantes. Nadie

(3. atreverse)_____ a discutir la importancia sanitaria de esta medida ya

que las estadísticas (4. mostrar)_____ que los efectos del tabaco

(5. cobrar)_____ la vida de más de 50.000 españoles cada año.

La ley (6. exigir)_____ la separación de zonas para los fumadores y los no

fumadores. Aunque el sector hostelero no (7. estar)_____ muy satisfecho

con la decisión, Sanidad (8. haber)_____ sido inflexible en cuanto a la

aplicación inmediata de esta ley. (9. pedirse) _____ que desde hoy los

hosteleros pongan un cartel que diga "libre de humo" en sus locales. Si los miembros del sector

hostelero no (10. cumplir)_____ con el nuevo reglamento,

(11. arriesgarse) _____ a que se les dé una multa que

(12. poder)_____ llegar a unos 10.000 euros.

 # Actividades de comunicación creativa ....

A. Comunicación informal

1. Escribir una carta breve a un/a amigo/a que piensa ir de vacaciones a México. Decir lo que debe y lo que no debe hacer, llevar, comer, tomar o comprar durante su viaje.

2. Escribir un correo electrónico a un/a amigo/a que vive en otra ciudad informándole sobre un nuevo curso escolar. Contar cómo es el horario semanal de clases, de deportes y otras actividades extraescolares. Contar quiénes y cómo son los compañeros de clase y los profesores.

B. Temas para una composición

Escribir una composición de unas 12 a 20 oraciones sobre uno de los siguientes temas.

1. ¿Cómo preparar mi receta favorita?

2. ¿Cómo alcanzar la paz mundial?

3. ¿Cómo conducir para no tener accidentes?

Los tiempos del pasado

I. El presente perfecto ✕✕✕✕✕✕✕✕✕✕✕✕✕✕✕✕✕✕✕✕✕✕✕✕✕✕✕✕✕

Ejemplos

Esta mañana ella *se ha levantado* temprano, *ha abierto* la ventana, *ha mirado* hacia afuera, *ha visto* los árboles floridos y *se ha sentido* feliz.

Ellos *han venido* en bicicleta.

El médico *ha llegado* para ver al paciente.

El repartidor de periódicos los *ha traído*.

La radio *ha dado* la noticia.

El meteorólogo *ha dicho* que va a nevar.

Los padres *han llevado* al niño al colegio.

Nosotros *hemos desayunado* a las ocho.

El camión de la basura no *ha pasado*.

Ejercicio de reflexión ....

Escribir la forma correcta del verbo auxiliar *haber* según el sujeto.

1. Yo _____ hablado con él hoy.

2. Tú _____ terminado rápidamente.

3. Ella _____ leído mucho este semestre.

4. Nosotros _____ pagado la cuenta.

5. Ud. _____ sido muy bondadoso.

6. María y yo _____ oído esta canción muchas veces.

7. Samuel y Ana _____ aprendido mucho en su seminario.

8. Tú y yo _____ descubierto el tesoro escondido.

9. ¿_____ visto vosotros la nueva exposición del artista catalán?

10. ¿Quién le _____ recomendado este libro?

Formación

hablar	comer	vivir
he habl-**ado**	*he* com-**ido**	*he* viv-**ido**
has habl-**ado**	*has* com-**ido**	*has* viv-**ido**
ha habl-**ado**	*ha* com-**ido**	*ha* viv-**ido**
hemos habl-**ado**	*hemos* com-**ido**	*hemos* viv-**ido**
habéis habl-**ado**	*habéis* com-**ido**	*habéis* viv-**ido**
han habl-**ado**	*han* com-**ido**	*han* viv-**ido**

*Para los participios pasados irregulares, véase Lección 1, pág. 17.

Explicación

El presente perfecto expresa una acción que ha ocurrido inmediatamente antes del presente. También indica una acción que empezó en el pasado cuyo resultado dura todavía. Se conjuga con el auxiliar *haber* en el presente del indicativo y el participio pasado del verbo.

Pasado
Reciente

Pretérito   ⟵————————————⟶   Presente

Presente
Perfecto

Usos

1. La configuración del verbo no cambia nunca. El auxiliar *haber* siempre precede al participio pasado. No se interpone ninguna palabra entre el auxiliar y el participio pasado.

    Ella *ha perdido* la maleta.   → Ella la *ha perdido*.
    El toro *ha burlado* al torero.   → El toro lo *ha burlado*.
    Nosotros no *hemos visto* la película.   → No la *hemos visto*.

2. A veces se emplea para enunciar una acción que sigue en el presente.

    Él siempre *ha sido* optimista. (y sigue siéndolo)
    Él siempre *ha votado* por el partido republicano. (y sigue votando por él)

3. Se emplea en interrogaciones.

    ¿Has estado alguna vez en México?
    ¿Han nacido muchos bebés en esta década?
    ¿Has visto la última película de Pedro Almodóvar?

    NOTA: La expresión *acabar de* puede reemplazar al presente perfecto.

He llegado de Nueva York.	=	*Acabo de llegar* de Nueva York.
He arreglado el automóvil.	=	*Acabo de arreglar* el automóvil.
He echado gasolina en el tanque.	=	*Acabo de echar* gasolina en el tanque.

Ejercicio de comprobación ....

Escribir la forma correcta del verbo auxiliar *haber* según el sujeto.

1. Toda la familia _____ estado de vacaciones.

2. ¿Adónde _____ ido ellos esta mañana?

3. Yo todavía no _____ puesto los platos en la mesa.

4. ¿_____ estado tú en Bolivia alguna vez?

5. El portero ya _____ abierto las puertas.

6. Nosotros no _____ comido muy bien esta semana.

7. ¿Quién _____ pintado aquel cuadro tan magnífico?

8. _____ dejado de llover.

9. Muchos _____ viajado por las carreteras de este país.

10. Vosotros os _____ expresado muy bien en la reunión.

• • • • • •

II. El pretérito

Ejemplos

Anoche *llamé* a mi prima a las diez.
La primera semana de junio *vivimos* en un hotel.
Tú *tuviste* hepatitis el año pasado.
El día de mi cumpleaños *recibí* un regalo.
Vivió feliz hasta que *se casó*.

Él *se puso* pálido cuando *vio* al caimán.
Nosotros *fuimos* al Uruguay.

—¿Tienes tu permiso de trabajo?
—Lo *tuve* pero ya no lo tengo.

 Ejercicio de reflexión ....

Escribir el pretérito de los verbos según el sujeto.

1. Yo (almorzar) _____ a las doce.

2. Nosotros (andar) _____ por el jardín.

3. Tú (averiguar) _____ las horas de visitas turísticas.

4. Él (buscar) _____ la dirección en el plano.

5. Ud. (caerse) _____ por las escaleras.

6. Yo (dar) _____ la respuesta.

7. Ella (decir) _____ que sí.

8. Vosotros (estar) _____ en la Florida.

9. Uds. (querer) _____ salir.

10. Yo (venir) _____ en seguida.

....

Formación

Verbos regulares:

hablar	comer	vivir
habl-**é**	com-**í**	viv-**í**
habl-**aste**	com-**iste**	viv-**iste**
habl-**ó**	com-**ió**	viv-**ió**
habl-**amos**	com-**imos**	viv-**imos**
habl-**asteis**	com-**isteis**	viv-**isteis**
habl-**aron**	com-**ieron**	viv-**ieron**

Verbos irregulares: (Véase la sección Tablas de verbos.)

ser	andar	caber	traducir	dar
(ir)	(estar)	(saber)	(producir) (conducir)	(ver)
fui	anduve	cupe	traduje	di
fuiste	anduviste	cupiste	tradujiste	diste
fue	anduvo	cupo	tradujo	dio
fuimos	anduvimos	cupimos	tradujimos	dimos
fuisteis	anduvisteis	cupisteis	tradujisteis	disteis
fueron	anduvieron	cupieron	tradujeron	dieron

hacer	decir	poder	querer
(satisfacer) hice	dije	pude	quise
hiciste	dijiste	pudiste	quisiste
hizo	dijo	pudo	quiso
hicimos	dijimos	pudimos	quisimos
hicisteis	dijisteis	pudisteis	quisisteis
hicieron	dijeron	pudieron	quisieron

poner	venir	traer	tener
puse	vine	traje	tuve
pusiste	viniste	trajiste	tuviste
puso	vino	trajo	tuvo
pusimos	vinimos	trajimos	tuvimos
pusisteis	vinisteis	trajisteis	tuvisteis
pusieron	vinieron	trajeron	tuvieron

Verbos con cambios en la raíz:

Verbos que terminan en **-ir** y que cambian en la raíz en la 3ª persona del singular y del plural (Véase la sección Tablas de verbos.)

e → i	e → i	o → u
divertirse	**servir**	**dormir**
me divertí	serví	dormí
te divertiste	serviste	dormiste
se div**i**rtió	s**i**rvió	d**u**rmió
nos divertimos	servimos	dormimos
os divertisteis	servisteis	dormisteis
se div**i**rtieron	s**i**rvieron	d**u**rmieron

Verbos con cambios ortográficos:

Verbos que terminan en...	cambian...	antes de...	ejemplos:
-gar llegar, negar	g → gu		lle**gué**
-car buscar	c → qu	-é	bus**qué**
-zar almorzar	z → c		almor**cé**
-guar averiguar	u → ü		averi**güé**

Verbos cuya raíz termina en vocal fuerte *(a, o, e)* o los que terminan en *-uir*:

	cambian...	antes de...	ejemplos:
le-er	i → y		le**yó**, le**yeron**
ca-er	i → y	-ó, -e	ca**yó**, ca**yeron**
h-uir	i → y		hu**yó**, hu**yeron**
(oír, roer, corroer)			

Verbos que terminan en -llir, -ñir:

	pierden la...	antes de...	ejemplos:
-llir zambullir	i	-ó, -e	zambull**ó**, zambull**eron**
-ñir teñir, ceñir, reñir, gruñir	i		tiñ**ó**, tiñ**eron**

Explicación

El pretérito es un tiempo del pasado que indica una acción completamente terminada en un período de tiempo específico o determinado.

Ciertas expresiones indican el uso del pretérito: *ayer, anoche, una vez, el año pasado, el sábado pasado,* etc.

Usos

1. Se usa para expresar una acción precisa o momentánea del pasado.

    Shakespeare y Cervantes *murieron* el mismo año.

2. Se usa para narrar, avanzar o enumerar acciones en el pasado.

    Arturo *se despertó* a las siete, *se duchó, desayunó* y *salió* para su oficina.

3. Se usa para expresar un aspecto iniciativo o terminativo de una acción.

    Empecé a buscar un puesto en agosto y *conseguí* un trabajo dos meses después.

4. Se usa para expresar un cambio de estado físico, psíquico (emocional) o mental.

    Al ver la foto de su familia reunida, *sintió* una ráfaga de melancolía.
    Cuando no vi ni una cara conocida, *creí* que mis amigos me habían abandonado.

5. Se puede usar en tono exclamativo o con sentido enfático en sustitución del presente perfecto:

    ¡Ya *pasó* el peligro!   ¡*Dejó* de llover!   ¡Se *acabó* la clase!

    NOTA: En algunas regiones de España se emplea el presente perfecto mientras en Latinoamérica se emplea el pretérito.
    Hoy *me he levantado* temprano.   Hoy *me levanté* temprano.

 Ejercicios de comprobación ....

A. Escribir el pretérito de los verbos según el sujeto.

1. Tú (ser) _____ el primero.

2. Daniel (huir) _____ del peligro.

3. Nosotros (poder) _____ abrir la puerta.

4. Ellos (saber) _____ la verdad.

5. Yo (jugar) _____ al béisbol.

6. Uds. (seguir) _____ el camino.

7. Yo (comenzar) _____ a redactar el ensayo.

8. Vosotros (tener) _____ que hacerlo.

9. Tú (creer) _____ el cuento.

10. Vosotros (oír) _____ el ruido.

11. Los periodistas (hacer) _____ las entrevistas anteayer.

12. Ellas (reír) _____ a carcajadas.

13. Vosotros (traer) _____ la cesta.

14. Laura y Paula (venir) _____ ayer.

15. Tú y yo (traducir) _____ el poema.

16. Tomás y Raúl (leer) _____ la revista.

17. La gente (caber) _____ en el ascensor.

18. Los habitantes (elegir) _____ al alcalde.

19. Esa señora (gruñir) _____ cuando la despertaron.

20. Yo (tocar) _____ el timbre.

B. Contestar a las preguntas usando el pretérito.

1. ¿Buscaste el periódico? _____

2. ¿A quién eligieron Uds.? _____

3. ¿Cupo el sobre en el buzón? _____

4. ¿Dónde te caíste? _____

5. ¿Viniste tarde o temprano? _____

6. ¿Pudimos traerlo Javier y yo? _____

7. ¿Hizo Ud. el trabajo? _____

8. ¿Siguió Ud. la ruta indicada en el mapa? _____

9. ¿Oyeron Uds. las noticias? _____

10. ¿Cuándo jugaste al tenis? _____

C. Escribir el pretérito del verbo entre paréntesis.

Antoni Gaudí (1. nacer) _____ en 1852 en Reus, un pueblo en la costa mediterránea de España. (2. Vivir) _____ una juventud enfermiza debido a unos fuertes dolores reumáticos que le (3. impedir) _____ participar en juegos típicos de niños. Nunca (4. poder) _____ superar sus dificultades físicas. A los diecisiete años (5. trasladarse) _____ a Barcelona donde (6. trabajar) _____ y (7. estudiar) _____ a la vez. Allí fue donde (8. conocer) _____ a unos arquitectos ya bien establecidos. Al cumplir veintiséis años, (9. obtener) _____ su título de arquitecto. Durante su prolífica carrera (10. revolucionar) _____ la arquitectura introduciendo líneas curvas y (11. diseñar) _____ muebles, mosaicos y hierro forjado de estilo modernista. Toda su obra (12. caracterizarse) _____ por la modernidad y la elegancia de línea. Entre sus muchas realizaciones, la mayoría en Barcelona, la Sagrada Familia es, sin duda, el ejemplo más simbólico y llamativo de su genio. En sus últimos años el gran arquitecto (13. convertirse) _____ en un recluso dedicando todo su tiempo a su trabajo. Un día cuando Gaudí estaba cruzando la calle un tranvía lo (14. atropellar) _____. (15. Ser) _____ ingresado en un hospital. Los que lo (16. atender) _____ no lo (17. poder) _____ identificar por falta de documentos de identificación. Tres días después, (18. fallecer) _____.

Desde su muerte en 1926 las obras en la Sagrada Familia han continuado gracias a los planes y bocetos que el gran maestro catalán (19. dejar) _____ en su taller. Esperemos que en el año 2026, el centenario de su muerte, el mundo pueda celebrar la inauguración de su obra más emblémica y audaz.

• • • • • •

III. El imperfecto

Ejemplos

Mientras yo *dormía*, ella *miraba* la televisión.
Cuando yo *tenía* quince años, siempre *iba* al colegio con mi hermano.
Cuando yo *era* pequeño, siempre *miraba* los programas para niños.
Mi padre *solía* venir a casa después del trabajo y él y yo *jugábamos* al ping-pong.
Picasso *solía* pintar por la noche.
Todos los inviernos mi familia y yo *esquiábamos* en Bariloche.
Las montañas *eran* muy altas. Siempre *había* mucha nieve. *Hacía* mucho frío.
Algunos *patinaban* en el hielo o *se deslizaban* en un tobogán.

Ejercicio de reflexión

Escribir el verbo en el imperfecto según el sujeto.

1. Yo (querer) _____ verlo.

2. Tú (acostarse) _____ temprano.

3. ¿Ud. (ir) _____ siempre al mismo parque?

4. Nosotros (ser) _____ amigos.

5. Vosotros (pedir) _____ permiso.

6. Ellas (divertirse) _____ mucho.

7. De joven, yo (soler) _____ jugar en la huerta.

Formación

Verbos regulares:

hablar	comer	vivir
habl-**aba**	com-**ía**	viv-**ía**
habl-**abas**	com-**ías**	viv-**ías**
habl-**aba**	com-**ía**	viv-**ía**
habl-**ábamos**	com-**íamos**	viv-**íamos**
habl-**abais**	com-**íais**	viv-**íais**
habl-**aban**	com-**ían**	viv-**ían**

Verbos irregulares:

ser	ir	ver
era	iba	veía
eras	ibas	veías
era	iba	veía
éramos	íbamos	veíamos
erais	ibais	veíais
eran	iban	veían

Explicación

El imperfecto presenta el transcurso, no el principio o el final de una acción. A veces la acción es simultánea, en todo o en parte, a otra acción durativa.

Ciertas expresiones suelen indicar el uso del imperfecto: *siempre, frecuentemente, a menudo, de costumbre, todos los días, generalmente, normalmente, de vez en cuando.*

Usos

1. Se usa para la descripción en el pasado.

Alberto *era* alto y *tenía* una sonrisa espléndida.

2. Para expresar una acción durativa, repetida o habitual en el pasado.

En los veranos, *pescábamos* en el río Orinoco.

3. Para expresar la edad y la hora.

Él *tenía* veintidós años cuando terminó sus estudios.
Eran las dos de la mañana cuando volvió a casa.

4. Se usa para expresar una acción que ocurre con otra acción simultáneamente.

Mientras yo *leía* el periódico, ella llenaba el cuestionario del seguro médico.

5. Generalmente se usa con verbos de estado mental, físico o psíquico (emocional).

Creía que había más dinero en mi cuenta de ahorros.
Ellos *se alegraban* de estar aquí con nosotros.
Temía que no me reanudaran el contrato.

6. Se usa en lugar del presente en formas de cortesía, de modestia o de timidez.

¿Qué *quería* Ud.?   ¿*Podías* ayudarme un momentito?
¿Qué *deseaba* el cliente?

7. Se emplea con *ir a* + infinitivo, *acabar de* + infinitivo y *soler* + infinitivo en el pasado.

Íbamos a mandar la carta pero decidimos esperar unos días más.
Acababan de salir para la costa cuando empezó la tormenta.
Solías estar de buen humor.

8. Se usa en la narración de cuentos infantiles.

Érase una vez una sirena que vivía en una gruta...
Había una vez una niña que se llamaba Caperucita Roja...

Leer con atención los dos párrafos siguientes:

Era una agradable tarde de otoño en la Nueva Inglaterra. Los árboles lucían sus típicos colores otoñales y el cielo estaba de un azul intenso. Mis compañeras y yo nos conocíamos bien tras haber pasado un mes en el internado. Estábamos descansando en la sala de la residencia. Algunas de las chicas miraban una telenovela, otras entraban y salían mientras llevaban a cabo sus quehaceres de lavandería en la habitación contigua, otras planchaban, leían o simplemente estaban tumbadas en cómodos sillones.

De pronto, sonó la alarma de incendios. El ruido causó una gran estampida. Unas chicas corrieron por el pasillo hasta llegar afuera y otras caminaron hacia las puertas de la entrada principal donde teníamos que congregarnos en caso de emergencia. La profesora encargada salió rápidamente de su apartamento y preguntó si alguien sabía por qué estaba sonando la alarma. Contamos el número de chicas que se habían reunido en el exterior y nos dimos cuenta de que faltaba una. La alarma seguía sonando mientras que nosotras tratábamos de imaginar por qué. De repente, apareció la última chica por la puerta. Llevaba un kimono de felpa, tenía el pelo empapado y estaba descalza.

¿El pretérito o el imperfecto?

En las oraciones que emplean la palabra *cuando*, el verbo que indica la acción durativa se expresa con el imperfecto y el verbo de la acción que la interrumpe se expresa con el pretérito.

Cuando Juan *entró*, yo *dormía* (estaba durmiendo).
Llovía (estaba lloviendo) cuando *empezó* a aterrizar el avión.
Ella *planchaba* (estaba planchando) cuando alguien *llamó* a la puerta.
Él *se duchaba* (estaba duchándose) cuando *sonó* la alarma.

Ciertos verbos como *conocer, poder, saber, tener, querer* y *haber* cambian su significado según el tiempo del verbo.

Yo la *conocía* desde hacía muchos años. (hacía tiempo)
Yo la *conocí* anoche en la fiesta. (por primera vez)

El perro *podía* correr por el jardín. (todos los días)
Alguien dejó la puerta abierta y el perro *pudo* correr a la calle. (logró escapar)

Quería hablar con el jefe. (hacía tiempo que deseaba hablar con él)
Quise hablar con el jefe. (traté de hablar con él)
No quise hablar con el jefe. (rehusé hablar con él)

Ella *sabía* la verdad. (hacía tiempo)
Ella *supo* la verdad. (la descubrió)

Él *tenía* un cheque en la mano. (lo llevaba consigo)
Él *tuvo* un cheque de su tío. (lo recibió)

Había mucha gente en las calles anoche. (descripción)
Hubo un accidente en esta carretera ayer. (acontecimiento)

NOTA: Hay que recordar que la intención de la persona que habla o escribe determina si el verbo se expresa en el imperfecto o en el pretérito. Depende de lo que quiere comunicar.

Leer con atención el siguiente párrafo:

Hace unos días, mi hermana me dijo que no podía ir conmigo a la playa porque tenía otros planes. Lo que yo no sabía era que ella había ido a una fiesta en la casa de una familia que nuestros padres conocían. Allí conoció a un chico. Como hablaron sólo unos minutos, mi hermana no sabía más que su nombre. El domingo, el misterioso caballero la llamó y le preguntó si quería ir con él al cine. Mi hermana, que prefería no rechazar la invitación, quedó en salir con él.

 Ejercicios de comprobación ....

A. Leer todo el párrafo. Escribir el *pretérito* o *imperfecto* después del verbo indicado.

Joaquín Sabina vuelve al escenario seis años más tarde

Anoche, Joaquín Sabina (1. actuar) _____ en la plaza de toros de Madrid. Hace

cinco años (2. sufrir) _____ un derrame cerebral que casi le

(3. poner) _____ fuera del mundo musical. Su actuación (4. ser) _____ un

éxito redondo. (5. Decir) _____ que las piernas le (6. temblar) _____ al

acercarse al foro. En el lugar del concierto, "no (7. caber) _____ un alfiler." Antes

del concierto, una nube negra (8. dominar) _____ el cielo; (9. haber) _____

truenos y rayos. No obstante, su actuación (10. ser) _____ aplaudida por todos. Al

terminar, (11. ser) _____ evidente que Sabina (12. haber) _____ salido

victorioso en su lucha personal. Además, el artista (13. triunfar) _____ también

sobre el mal tiempo que le (14. haber) _____ amenazado antes de empezar. Cuando

(15. acabar) _____, (16. brillar) _____ la luna.

B. Escribir el pretérito o el imperfecto del verbo según el sentido de la oración.

1. Mientras su padre (trabajar) _____ en el taller, el niño le

   (contar) _____ sus sueños.

2. El volcán (empezar) _____ a echar lava cuando ellos

   (llegar) _____ .

3. Cuando yo (conducir) _____ por la autopista, de repente yo

   (ver) _____ un ciervo.

4. Su madre siempre (empeñarse) _____ demasiado en cuidarlo.

5. La semana pasada todos (asistir) _____ al funeral del Rey.

6. (Ser) _____ las once cuando

   (aterrizar) _____ el avión.

7. Normalmente, nosotros (salir) _____ temprano y

   (desayunar) _____ en el pueblo de Medina.

8. Yo le (prestar) _____ dinero a mi hermano frecuentemente.

9. Cuando tú (vivir) _____ allí, (tener) _____

   unos amigos que (ser) _____ encantadores.

C. Subrayar el verbo adecuado según el sentido de la oración. Leer todo el párrafo antes de contestar.

Hace dos años, cuarenta estudiantes (1. se reunieron / se reunían) en Nueva York antes de salir para España. En el aeropuerto JFK (2. se conocieron / se conocían) por primera vez. Todos (3. estuvieron / estaban) un poco nerviosos pensando en las experiencias que los (4. esperaron / esperaban). (5. Llegó / Llegaba) la hora de la salida y (6. se despidieron / se despedían) de sus familias. (7. Hizo / Hacía) un día espléndido cuando el avión (8. aterrizó / aterrizaba) en Barcelona. Después de pasar por la aduana, (9. subieron / subían) al autobús que los (10. fue / iba) a llevar a un pueblo pequeño al lado del mar. El hotel (11. estuvo / estaba) situado en la calle principal. Todos los días (12. hubo / había) varias sesiones con los profesores y, en su tiempo libre, los estudiantes (13. pudieron / podían) explorar el pueblecito y practicar su español en las tiendas y los cafés. Una tarde un muchacho (14. estuvo / estaba) cruzando la calle cuando un autobús lo (15. atropelló / atropellaba). ¡Qué susto! Después de unas horas de agitación, todos (16. supieron / sabían) que el chico (17. estuvo / estaba) bien. El director (18. se sintió / se sentía) aliviado cuando el chico (19. bajó / bajaba) a la planta principal del hotel y (20. dijo / decía): «Tengo hambre. ¿Hay algo de comer?»

D. Escribir el verbo en el pretérito o imperfecto. Leer todo el párrafo antes de contestar.

(1. Ser) _____ una noche sin luna al noroeste de Newcastle en

una antigua casa que (2. haber) _____ sido convertida en hotel.

Un huésped, de origen norteamericano, (3. alegrarse) _____ de haber

escogido el hotel, aunque (4. estar) _____ muy aislado, cerca de la

frontera con Escocia.

Aquella noche él (5. encontrarse) _____ muy cansado y

(6. subir) _____ a su habitación después de la cena. A eso de las diez

de la noche, la puerta de su cuarto (7. abrirse) _____ y una señora

(8. entrar) _____ y (9. dirigirse) _____ hacia el

reloj que (10. estar) _____ en la pared opuesta a la ventana.

(11. Abrir) _____ la puerta de cristal que

(12. cubrir) _____ la cara del reloj y le

(13. dar) _____ cuerda. El hombre

(14. despertarse) _____ al oír el ruido. La señora

(15. terminar) _____ su tarea y

(16. marcharse) _____ muy silenciosamente.

A la mañana siguiente el dueño del hotel le (17. explicar) _____ al

huésped que esa señora (18. ser) _____...

E. Escribir el verbo en la forma apropiada del *pretérito* o *del imperfecto*. Leer todo el párrafo antes de contestar.

Santiago de Compostela

El descubrimiento del sepulcro del apóstol Santiago en el noroeste de España en la Edad

Media (1. ser) _____ seguido por numerosas peregrinaciones a

Compostela durante siglos. A través de los años, la confluencia de gente de diferentes países

(2. acabar) _____ vitalizando la sociedad de la España medieval en

cuanto a su arte, arquitectura, cultura, religión y economía. Así es que Santiago de

Compostela (3. convertirse) _____ en una de las tres destinaciones

más importantes para los peregrinos cristianos. Los otros centros

(4. ser) _____ Jerusalén y Roma. Aún hoy, una multitud de fieles,

amantes de la cultura e, incluso, entusiastas del deporte pasan por los mismos caminos del

norte de España que (5. atravesar) _____ los primeros peregrinos

hace más de 1.000 años.

• • • • • •

IV. El pluscuamperfecto ✕✕✕✕✕✕✕✕✕✕✕✕✕✕✕✕✕✕✕✕✕✕✕✕

Ejemplos

El cheque, que el jefe me *había enviado* en el mes de abril, llegó en el mes de octubre.
Ya *había terminado* de leer el libro cuando me lo pidió.
Habíamos alquilado un barco, por lo tanto, pudimos salir a navegar.
Yo ya *había encendido* una fogata cuando me di cuenta de que estaba prohibido.

Ejercicio de reflexión

Escribir el verbo en el pluscuamperfecto.

1. Ellos no (hacer) _____ nada en dos días.

2. Él (desmayarse) _____ a causa del calor.

3. Antes, nosotros no los (conocer) _____.

4. Tú me lo (decir) _____ varias veces.

5. Yo (dejar) _____ de fumar.

Formación

hablar	comer	vivir
había hablado	había comido	había vivido
habías hablado	habías comido	habías vivido
había hablado	había comido	había vivido
habíamos hablado	habíamos comido	habíamos vivido
habíais hablado	habíais comido	habíais vivido
habían hablado	habían comido	habían vivido

Explicación

Se utiliza con el verbo auxiliar *haber* en el imperfecto y el participio pasado del verbo principal.

El pluscuamperfecto se emplea para expresar una acción anterior a otra acción pasada. Es un tiempo cronológicamente anterior al pretérito.

Pluscuamperfecto / Pretérito / Presente perfecto / Presente

⟵————————————————————————————⟶

Él no *había terminado* sus deberes, por eso no pudo ir al cine con nosotros.

Cuando llegué al teatro, la obra ya *había empezado*.

Mi amigo me prestó cinco dólares porque se me *había olvidado* traer el dinero.

NOTA: Para expresar una acción inmediatamente anterior a otra en el pasado, se utiliza también la expresión *acabar de* en el imperfecto.

Acababa de cambiar el semáforo cuando ocurrió el choque.

Acababa de sonar el timbre cuando él entró.

✓ Ejercicios de comprobación

A. Escribir el verbo en el pluscuamperfecto.

1. Vosotros (expresarse) _____ perfectamente.

2. No queríamos confesar que el jefe nos (engañar) _____.

3. Yo lo sabía porque él me lo (escribir) _____.

4. Los tres niños (comer) _____ todo el pastel.

5. Unos guardias le (indicar) _____ el camino.

6. David dijo que (poner) _____ el paraguas en el pasillo.

B. Cambiar el verbo al pluscuamperfecto.

1. Yo *me despedí* de mis compañeros del campamento de verano. _____

2. Ella *terminó* el maratón en un tiempo récord. _____

3. *Pusimos* los entremeses en la mesa. _____

4. Nosotros *creíamos* la noticia. _____

5. Ellos *vinieron* a visitarnos. _____

6. El desahuciado me *pidió* dinero. _____

7. Las niñas *se rieron* mucho del payaso en el circo. _____

8. Los jugadores *hicieron* un gran esfuerzo para ganar. _____

C. Escribir el verbo en el pluscuamperfecto y terminar la oración.

1. Yo (dejar) _____ de fumar porque _____

_____ .

2. Ellos no les (devolver) _____ el cambio porque _____

_____ .

3. El mecánico nos (decir) _____ que _____

_____ .

4. El despertador (sonar) _____ pero el muchacho _____

_____ .

• • • • • •

V. La voz pasiva

Ejemplos

La Florida *fue explorada* por Ponce de León.
El Rey *era admirado* de todos.
El automóvil *ha sido reparado* por el mecánico.
Las flores que me regaló *habían sido importadas* de Colombia.

NOTA: La voz pasiva se puede expresar en todos los tiempos.
– en el pretérito   – en el presente perfecto
– en el imperfecto   – en el pluscuamperfecto

✓ Ejercicio de comprobación

Cambiar las oraciones a la voz pasiva.

1. La gripe aviar causó la alarma. _____

2. Los pequeños repetían los refranes. _____

3. El inspector había revisado la máquina. _____

_____

4. La cartera ha distribuido las cartas. _____

_____

• • • • • •

VI. Repaso

 Ejercicios de repaso ....

A. Subrayar la forma apropiada del verbo.

El marzo pasado unos estudiantes de nuestro colegio (1. hacían / hicieron) un viaje a la República Dominicana. (2. Salían / Salieron) del aeropuerto de Nueva York en un vuelo "charter". En Nueva York (3. hacía / hizo) mucho frío pero al llegar al aeropuerto de Santo Domingo todos, en seguida, (4. notaban / notaron) la diferencia de temperatura. ¡Qué alegres (5. se ponían / se pusieron)! (6. Pasaban / Pasaron) la noche en la capital. El próximo día (7. partían / partieron) para Santiago de los Caballeros donde (8. iban / fueron) a pasar dos semanas conviviendo con familias de esa hospitalaria ciudad. Las nuevas familias los (9. recibían / recibieron) en la estación de autobuses y los (10. llevaban / llevaron) a sus respectivas casas.

Los primeros dos días (11. eran / fueron) los más difíciles. Adaptarse a una lengua y costumbres diferentes les (12. costó / costaba) un gran esfuerzo. Pero pronto, sin apenas darse cuenta, su estancia en Santiago (13. terminaba / terminó). Después de una triste despedida, (14. volvían / volvieron) a Santo Domingo para tomar el avión de vuelta a Nueva York. Todos (15. sentían / sintieron) una gran satisfacción por haber descubierto otra cultura. Al desembarcar en Nueva York (16. decidían / decidieron) que (17. iban / fueron) a volver a la isla para ver a sus nuevos amigos en la primera ocasión que tuvieran.

B. Escribir el pretérito de los verbos según el sujeto.

1. Yo (vivir) _____ dos años en Los Ángeles.

2. El taxista no (conducir) _____ con mucho cuidado.

3. Ellos (casarse) _____ el año pasado.

4. No fui con ellos porque yo no (caber) _____ en el coche.

5. ¿Quién (hacer) _____ el trabajo?

6. Nosotros (leer) _____ todo el periódico.

7. Yo le (sacar) _____ punta a mi lápiz.

8. Antonio (estar) _____ aquí ayer.

9. El mesero nos (servir) _____ el desayuno.

10. Ellos (huir) _____ del huracán.

11. Yo (empezar) _____ a escribir mi novela.

12. ¿(Saber) _____ Uds. la respuesta?

13. Tú y yo (ir) _____ al cine el sábado.

14. Sofía (poner) _____ los paquetes en el mostrador.

15. Ella me (dar) _____ las llaves.

C. Escribir el imperfecto de los verbos según el sujeto.

1. Ella y yo (andar) _____ por el jardín.

2. Él (tener) _____ dieciocho años cuando se graduó.

3. Tú (escribir) _____ en tu diario todos los días.

4. Mi hermanita (ser) _____ muy joven en aquel entonces.

5. Nosotros (levantarse) _____ temprano de vez en cuando.

6. Ellos (verse) _____ con frecuencia.

7. Vosotros (jugar) _____ muy bien.

8. Yo (estar) _____ en el estadio con mi equipo.

9. Ella y yo (ir) _____ a los bailes los viernes.

10. ¿(Querer) _____ tú ver al artista?

D. Escribir el verbo en el presente perfecto y en el pluscuamperfecto.

1. Yo vengo en el coche.   _____   _____

2. Ella no dice la verdad.   _____   _____

3. Nosotros leemos el diario.   _____   _____

4. Tú te levantas tarde.   _____   _____

5. Vosotros vivís en Uruguay.   _____   _____

6. Ellos abren las cartas.   _____   _____

7. Yo no oigo nada sobre el tema. _____   _____

8. Nosotros nos divertimos.   _____   _____

9. ¿Traes tu traje de baño?   _____   _____

10. Uds. se ponen pálidos.   _____   _____

E. Cambiar la oración para expresar la voz pasiva según el tiempo del verbo.

1. Ángela terminará el proyecto.

_____

2. La enfermera ayudó al paciente.

_____

3. Los cuervos invadieron el jardín recién sembrado.

_____

4. El arquitecto diseñó la casa.

_____

5. Almodóvar ha dirigido varias películas premiadas en los festivales de cine.

_____

F. Escribir la forma del verbo en el tiempo apropiado.

1. Siempre (llover) _____ en el mes de abril.

2. Cuando entro en el cuarto, yo (cerrar) _____ la puerta.

3. Salimos ayer y (caminar) _____ tres millas hasta llegar al río.

4. Cuando Pepe (ser) _____ joven, siempre
(ir) _____ al lago para nadar.

5. ¿Por quién fue (escribir) _____ *Don Quijote de la Mancha?*

6. ¿Vas a (sentarse) _____ aquí?

7. Me pidió cien pesos, pero sólo le (dar) _____ diez.

8. Yo estaba mirando la televisión cuando mis amigos (entrar) _____.

9. Antes de (acostarse) _____, nos cepillamos los dientes.

10. Mi yerno no ha (volver) _____ a casa todavía.

11. Ahora, ellos (preferir) _____ leer las aventuras de los piratas.

12. Cuando ellos vienen aquí, nosotros los (ver) _____.

13. ¿De dónde (ser) _____ tu prima?

14. Enrique pintó la casa y lo (hacer) _____ muy bien.

15. ¿Estás (leer) _____ algo interesante ahora?

G. Cambiar el verbo a la forma progresiva durativa del imperfecto: imperfecto → progresivo en el pasado

1. Ellos *seguían* una pista. _____

2. Isabel *leía* una novela policíaca. _____

3. Siempre me *pedían* dinero. _____

4. El loro *repetía* las frases de su amo. _____

5. Los granizos que *caían, destruían* las cosechas. _____

H. Escribir el pretérito o el imperfecto según el sentido de la oración y terminar cada una de manera original.

1. Uds. (estar) _____ en España cuando la guerra

_____.

2. Rolando (tocar) _____ el violín mientras que Ana

_____.

3. Carlos y Pilar (querer) _____ comprar la casa que

_____.

4. La última vez que nosotros (ir) _____ al parque zoológico

_____.

5. Ayer yo no (jugar) _____ en la cancha porque

_____.

6. Hacía tiempo que ellos (vivir) _____ allí cuando el gobierno

_____.

7. El viernes ellas (visitar) _____ el acuario donde

_____.

8. ¿Qué (hacer) _____ vosotros cuando

_____?

9. Cuando Manuel de Falla (ser) _____ joven,

_____.

10. En mis horas de ocio yo (leer) _____ novelas que

_____.

I. Escribir el pretérito o el imperfecto según el sentido de la oración. Leer todo el párrafo antes de contestar.

Cuando mis hermanos y yo (1. ser) _____ pequeños, mi familia

(2. vivir) _____ en una isla del mar Caribe. Un acontecimiento

histórico nos (3. obligar) _____ a marcharnos al extranjero y a

cambiar por completo nuestras vidas. Yo nunca (4. haber) _____

volado en avión y el viaje me (5. parecer) _____ una gran aventura. Mi

última imagen de la isla (6. ser) _____ la de una costa soleada y un

mar agitado. El vuelo (7. durar) _____ unas seis horas. A medianoche,

el avión (8. aterrizar) _____ en Nueva York. Nadie

(9. tener) _____ sueño y todos los pasajeros

(10. estar) _____ locos por salir al aire libre. Mis tíos abuelos

(11. residir) _____ en la ciudad y ellos

(12. haber) _____ venido a esperarnos. En inmigración, los agentes les

(13. hacer) _____ muchas preguntas a mi padres. Por ejemplo,

¿dónde (14. haber) _____ nacido (ellos)? ¿Por qué

(15. querer) _____ (ellos) venir a los EE.UU.? ¿Dónde

(16. ir) _____ a vivir la familia? ¿Cuáles

(17. ser) _____ sus profesiones? Mis padres

(18. contestar) _____ a todas las preguntas y al final ellos

(19. pedir) _____ asilo político. Una vida nueva (20. empezar) _____

para nosotros.

J. Escribir la forma apropiada de los verbos entre paréntesis. Hay que considerar las formas verbales de la Lección 1 y de la Lección 2.

El Museo Munch de Oslo (1. haber difundir) _____ las primeras imágenes de

El grito y *Madonna*, dos cuadros (2. robar) _____ hace más de dos años

y (3. recuperar) _____ el verano pasado. Las dos obras que

(4. haber sufrir) _____ unos daños, serán (5. exponer) _____ durante un

tiempo corto.

El grito (6. ser) _____ considerado el cuadro más conocido de Munch. El

autor (7. describir) _____ una vez la inspiración para esta obra: «Una noche yo

(8. andar) _____ por un camino. Por debajo de mí (9. estar) _____ la

ciudad y los fiordos. (10. Estar) _____ cansado y enfermo.

(11. Quedarme) _____ mirando el fiordo, el sol (12. estar ponerse) _____.

Las nubes (13. teñirse) _____ de rojo como la sangre. (14. Sentir) _____

como un grito a través de la naturaleza. Me (15. parecer) _____ oír un grito.

(16. Pintar) _____ este cuadro, las nubes como sangre verdadera. Los colores

(17. gritar) _____.»

K. Terminar las oraciones a continuación usando el pluscuamperfecto.

1. Los ríos estaban contaminados porque _____

_____.

2. El clima de la selva del Amazonas cambiaba porque _____

_____.

3. Los consumidores sólo compraban alimentos naturales porque _____

_____.

4. Los automóviles nuevos eran más pequeños porque _____

_____.

5. Reciclaban los periódicos y demás papeles porque _____

_____.

Actividades de comunicación creativa

A. Comunicación informal

Escribir en un diario lo que ocurrió en el transcurso del día. Contar lo que se hizo. Incluir reacciones y reflexiones sobre lo que sucedió. Usar una variedad de verbos y tiempos verbales.

B. Temas para una composición

Escribir una composición de unas 12 a 20 oraciones sobre uno de los siguientes temas.

1. Ahora y antes. Cómo soy ahora y cómo era hace diez años.

2. La historia personal de mis abuelos. (dónde nacieron, cómo y dónde se conocieron, dónde vivieron, etc.)

3. Descripción y narración sobre el día más inolvidable de mi vida.

4. Cuenta lo que te pasó en un día de mala suerte.

• • • • • •

Los tiempos del futuro y del condicional

I. El futuro

Ejemplos

Los presupuestos del gobierno *subirán* debido a la crisis mundial.

La agencia de viajes *preparará* el itinerario de nuestro viaje.

Los voluntarios *harán* un viaje al lugar del tsunami.

El silbato del barco *anunciará* la salida.

La semana próxima *conocerás* a tu sargento en el ejército.

Nosotros nos *entrenaremos* para las Olimpiadas.

Durante el almuerzo *vamos a tomar* agua mineral.

Dentro de unas horas *voy a ir* de compras con mi madre.

Ejercicio de reflexión

Escribir el verbo en el futuro.

1. Yo (volver) _____ mañana.

2. Nosotros (recibir) _____ el cheque pronto.

3. La maestra nos (enseñar) _____ las costumbres de los taínos.

4. ¿Adónde (ir) _____ Uds. este fin de semana?

5. Vosotros (escribir) _____ estos verbos en el futuro.

6. Todos ustedes (estar) _____ preparados para salir.

7. ¿(Llegar) _____ (tú) tarde o temprano?

8. Mi padre (tener) _____ sus vacaciones en junio.

9. Teresa (querer) _____ ir al teatro con Luis Antonio.

10. Tú y yo (sentarse) _____ cerca de la ventanilla del avión.

Formación

Verbos regulares:

El futuro se forma con el infinitivo del verbo más las terminaciones del presente del indicativo del verbo *haber: -é, -ás, -á, -emos, -éis, -án.*
Todas las terminaciones llevan acento escrito menos *-emos.*

hablar	comer	vivir
hablar-**é**	comer-**é**	vivir-**é**
hablar-**ás**	comer-**ás**	vivir-**ás**
hablar-**á**	comer-**á**	vivir-**á**
hablar-**emos**	comer-**emos**	vivir-**emos**
hablar-**éis**	comer-**éis**	vivir-**éis**
hablar-**án**	comer-**án**	vivir-**án**

Verbos irregulares:

poner → pon**dr**é   caber → ca**br**é
tener → ten**dr**é   haber → ha**br**é
salir → sal**dr**é
valer → val**dr**é   poder → po**dr**é
venir → ven**dr**é   querer → que**rr**é
                              saber → sa**br**é

decir → d**ir**é   hacer → ha**r**é
                              satisfacer→ satisfa**r**é

NOTA: La irregularidad ocurre en la raíz, no en la terminación.

Ejercicio de comprobación ....

Escribir el verbo en el futuro.

1. Aunque está lloviendo, ellos (seguir) _____ jugando al golf.

2. ¿Cuántos años (tener) _____ la directora?

3. Nosotros nunca (olvidarse) _____ de nuestros abuelos.

4. Los niños no deben andar solos porque (perderse) _____ en la ciudad.

5. ¿Cuánto (valer) _____ ese reloj de oro?

6. ¿A qué hora (salir) _____ vosotros?

7. Los muebles (caber) _____ en la camioneta.

8. Nuestros primos (decir) _____ que sí a la sugerencia.

9. Creo que él no (querer) _____ pasar la noche en el parador.

10. ¿Cuántas personas (haber) _____ en la reunión?

El futuro inmediato:

Presente / Futuro Inmediato / Futuro

$\longleftarrow$ ————————————————————— $\longrightarrow$

Para expresar la intención de ejecutar una acción inmediatamente, no se emplea el futuro, sino el presente del verbo *ir + a + infinitivo*.

Va a nevar.   *Voy a llamar* por teléfono.
Vamos a salir en seguida.   *Vas a aprender* los futuros irregulares.

 # Ejercicios de comprobación ....

A. Escribir la forma correcta del verbo *ir* para expresar el futuro inmediato.

1. Yo creo que ————————————— a llover.

2. Los muchachos ————————————— a jugar.

3. Tú ————————————— a comprar una casa en la Florida.

4. Roberto y José ————————————— a llamarnos.

5. Nuestros amigos ————————————— a visitarnos.

6. El tren ————————————— a llegar dentro de pocos minutos.

7. Yo ————————————— a lavar el carro pronto.

8. ¿————————————— vosotros a comprar estos aguacates?

9. Nosotros ————————————— a comer tapas en este bar.

10. Ellas ————————————— a acabar su turno en seguida.

B. Escribir el verbo para expresar el futuro o el futuro inmediato (*ir + a + infinitivo*) según el sentido de la oración.

1. Después de comer la merienda, ellos (jugar) ————————————— al baloncesto.

2. Nosotros (hacer) ————————————— un viaje a Chile el próximo verano.

3. Paco (estudiar) ————————————— economía política en la universidad.

4. La semana que viene (empezar) ————————————— las clases otra vez.

5. ¿(Vivir) ————————————— Uds. en Madrid dentro de dos años?

6. Si te comes este plátano verde, (enfermarse) —————————————.

7. El despertador (sonar) ————————————— a las seis y media en punto.

8. Yo (ahorrar) ————————————— el dinero que tengo; no voy a gastarlo.

9. Tú (acordarse) ————————————— siempre de tu número del Seguro Social.

10. Yo (quejarse) ————————————— si no puedo tomar este vuelo.

Usos

1. Para expresar una acción que va a ocurrir en el futuro.

> Mañana *lloverá*.
> *Hará* mucho frío en febrero en los Pirineos.
> *Tendremos* vacaciones en agosto.

2. Con el futuro se expresa la probabilidad, conjetura o duda en el presente.

> Alguien llama a la puerta. ¿Quien *será*? (Me pregunto quién es...)
> ¿*Será* mi tía Ana, la mayor de la familia? (Me pregunto si es mi tía...)
> ¿*Será* interesante el programa de televisión en vivo? (Me pregunto si es...)
> El vehículo deportivo utilitario *gastará* mucha gasolina. (Quizá gasta mucha...)
> Él *trabajará* mucho en su jardín, pero no se nota la diferencia.
> ¿*Irán a ver* la película que ganó el Óscar? (Me pregunto si van a verla...)

3. A veces sustituye al imperativo.

> ¡Se *sentarán* y se *callarán* inmediatamente!
> ¡*Iremos* a Santiago de Compostela algún día!

4. En oraciones que expresan una simple condición el resultado se expresa generalmente con el futuro.

Condición	Resultado
Si eres bueno,	te *compraré* un helado.
Si estás cansado,	no *harás* ejercicio en el gimnasio.
Si estudian,	*aprobarán* el curso.
Si tengo dinero,	*iré* de compras el sábado.

NOTA: No se usa el futuro después de *si*.
Aplaudiremos a los actores si actúan bien en la obra de teatro.
Gritaremos si nuestro equipo gana.

Ejercicios de comprobación ....

A. Escribir el verbo en el futuro.

1. ¿Qué (hacer) _____ ellos con tantas maletas?

2. Elvira (salir) _____ para Santo Domingo el mes que viene.

3. Los militares (ponerse) _____ sus uniformes.

4. Tú nunca (descubrir) _____ el tesoro de los piratas.

5. ¿(Nevar) _____ mucho este invierno?

6. En quince días yo (estar) _____ tomando el sol en Viña del Mar.

7. Los comerciantes no (bajar) _____ los precios.

8. ¿(Ir) _____ Ud. al carnaval de Río de Janeiro?

9. ¿Quién (ser) _____ el autor que acaba de ganar el Premio Nobel?

10. Ella (despedirse) _____ de su novio en la estación de trenes.

B. Escribir el verbo en el futuro.

1. Daniel nos lo (decir) _____ todo al llegar.

2. ¿(Hacer) _____ mucho calor aquí este verano?

3. Antes de salir de casa, yo (ponerse) _____ un suéter.

4. Mañana temprano, tú y yo (dar) _____ un paseo en el parque.

5. Los médicos (examinar) _____ a las víctimas del incendio.

6. Durante las vacaciones Uds. (pasar) _____ unas semanas en Ibiza.

7. ¿(Jugar) _____ vosotros al tenis esta tarde?

8. Al llegar al pie de la montaña, yo (quitarse) _____ los esquís.

9. La señora nos (vender) _____ las flores.

10. ¿(Poder) _____ (tú) venir a verme mañana?

● ● ● ● ● ● ●

II. El futuro perfecto

Ejemplos

A las siete ya *habrán terminado* de cenar y podremos salir juntos.
A las tres el avión ya *habrá despegado*.
Si llegas tarde, la comida ya *se habrá enfriado*.
En junio muchos estudiantes ya *se habrán graduado*.
Para el fin de año, los premios ya *habrán sido* anunciados.

Ejercicio de reflexión

Escribir el futuro del verbo *haber* para completar el futuro perfecto.

1. Yo _____ leído la revista.

2. Tú _____ escrito la carta.

3. Gregorio _____ visto la película.

4. Tú y ella _____ terminado de aprender la pieza *A cuatro manos*.

5. Nosotros _____ aprendido mucha gramática.

6. Los jugadores _____ ganado el campeonato.

7. Al terminar de revisar este libro, nosotros _____ corregido mucho.

8. Vosotros _____ dado un paseo por el Parque del Buen Retiro.

9. La maestra _____ vuelto de su año sabático en Barcelona.

10. ¿Quiénes de ustedes _____ visitado el museo de Sorolla?

....

Formación

El futuro perfecto es un tiempo compuesto. Para formar este tiempo se emplea el futuro del auxiliar *haber* más el participio pasado del verbo principal. (Véase Lección 1 página 16 parte IV: El participio pasado.)

hablar	comer	vivir
habré hablado	habré comido	habré vivido
habrás hablado	habrás comido	habrás vivido
habrá hablado	habrá comido	habrá vivido
habremos hablado	habremos comido	habremos vivido
habréis hablado	habréis comido	habréis vivido
habrán hablado	habrán comido	habrán vivido

Presente / Futuro Inmediato / Futuro Perfecto / Futuro
◄───►

En la forma del futuro perfecto los pronombres complementos y reflexivos se colocan antes del auxiliar *haber*.

Tú *lo habrás hecho* sin darte cuenta. (*lo* = el error)
Ud. *la habrá limpiado* antes de la llegada de sus amigas. (*la* = la casa)
No *la habremos pagado*. (*la* = la cuenta)
Ellos *se habrán acostado* muy tarde. (acostarse)

Usos

1. Para expresar una acción que ocurrirá en el futuro antes de otra acción también futura.

A medianoche los niños ya *se habrán acostado* y podremos conversar.
Mis padres ya se *habrán ido* del hotel y no los veremos hasta el Año Nuevo.
Si llegas a las diez de la noche, yo ya *habré comido* y no cenaremos juntos.

NOTA: Obsérvese que el adverbio *ya* es una clave para el uso del futuro perfecto.
Para las ocho *ya habremos terminado*.
Cuando termine el otoño, las hojas *ya se habrán caído*.

2. Para expresar probabilidad en una acción concluida.

>¿Qué *habrá roto* esta ventana? ¿*Habrá sido* una pelota de béisbol?
>(Me pregunto qué ha roto esta ventana. Probablemente, ha sido una pelota...)

✓ Ejercicios de comprobación ....

A. Escribir el verbo en el futuro perfecto.

1. El ladrón (huir) _____ con las joyas.

2. La fruta (caerse) _____ de las ramas.

3. Ellos (vestirse) _____ de luto.

4. Yo ya (hacer) _____ la maleta.

5. Tú (volver) _____ antes que nosotros.

6. Los estudiantes (escribir) _____ las respuestas.

7. Antes de las once nosotros (acostarse) _____ .

8. Para el fin de año, vosotros (aprender) _____ a conducir.

9. ¿Quién (averiguar) _____ las fechas de las elecciones?

10. Nosotros (elegir) _____ a los candidatos.

B. Completar las oraciones escribiendo el verbo en el futuro perfecto.

1. Antes de entregar una composición, tú

   (ir a la biblioteca; hacer la investigación; organizar los apuntes; escribir tus ideas)

   _____

   _____

   _____

2. Antes de comer una tortilla española, yo

   (pelar las patatas; batir los huevos; buscar una sartén; freír los ingredientes)

   _____

   _____

   _____

3. Antes de salir de viaje, nosotros

   (hacer las reservaciones; despedirse; llevar el pasaporte; hacer las maletas)

   _____

   _____

   _____

4. Antes de dormirse, Uds.

(lavarse la cara; cepillarse los dientes; ponerse el pijama; apagar la luz)

_____

_____

_____

C. Terminar las oraciones usando el futuro perfecto.

1. Para fines del otoño, las hojas _____

2. Para fines del invierno, la nieve _____

3. Para fines de la primavera, las flores _____

4. Para fines del verano, nosotros _____

5. Para principios del mes de septiembre, yo _____

• • • • • •

III. El condicional

Ejemplos

Me dijo que _llegaría_ mañana.
Creí que él _comprendería_ mis objeciones.
Por favor, ¿_podría_ Ud. ayudarme?
¿Les _gustaría_ disfrutar de unas vacaciones?

Este cambio _sería_ muy conveniente.
Yo no _serviría_ para ser piloto.
Me _gustaría_ ir al Brasil este verano.
Yo _diría_ que sí a su propuesta.

Ejercicio de reflexión

Escribir el verbo en el condicional.

1. Ella (tener) _____ la paciencia de una santa.

2. Nosotros no (pensar) _____ en curas medicinales alternativas.

3. ¿(Salir) _____ (tú) sola de noche?

4. Los buenos samaritanos nos (ayudar) _____ a todos.

5. Los Reyes Magos no (dejar) _____ regalos para los niños malos.

6. Yo (estar) _____ dispuesta a trabajar a tiempo parcial.

7. ¿(Haber) _____ una manera de entrar en el Palacio Real?

8. Dijo que lo (hacer) _____ mañana.

9. Dijeron que nos (mandar) _____ una cesta de frutas.

10. Me (gustar) _____ hacer un viaje al Perú.

11. ¿Qué (hacer) _____ (tú) con un millón de dólares?

12. Ella dijo que (poder) _____ ir con nosotros a Segovia.

13. Nosotros (querer) _____ comer paella valenciana esta noche.

14. Yo (divertirse) _____ mucho en Buenos Aires.

15. (Ser) _____ las siete cuando llegaron los invitados a la fiesta.

Formación

Verbos regulares:

El condicional se forma con *el infinitivo* del verbo más las terminaciones del imperfecto del indicativo del verbo *haber: -ía, -ías, -ía, -íamos, -íais, -ían.*

hablar	comer	vivir
hablar-ía	comer-ía	vivir-ía
hablar-ías	comer-ías	vivir-ías
hablar-ía	comer-ía	vivir-ía
hablar-íamos	comer-íamos	vivir-íamos
hablar-íais	comer-íais	vivir-íais
hablar-ían	comer-ían	vivir-ían

Verbos irregulares:

poner	→ pon**dr**ía	caber	→ ca**br**ía
tener	→ ten**dr**ía	haber	→ ha**br**ía
salir	→ sal**dr**ía		
valer	→ val**dr**ía	poder	→ po**dr**ía
venir	→ ven**dr**ía	querer	→ que**rr**ía
		saber	→ sa**br**ía
decir	→ d**ir**ía	hacer	→ ha**r**ía
		satisfacer	→ satisfa**r**ía

Usos

1. Para indicar una acción futura con relación al pasado.

Me dijo que *llegaría* mañana.
Decía el meteorólogo que no *tendríamos* lluvias torrenciales.

2. Para indicar probabilidad, conjetura o vacilación en el pasado.

> *Serían* las cinco cuando ocurrió el accidente. (A lo mejor eran...)
> *Sería* Pedro quien llamó. (Probablemente era Pedro...)
> ¿Quién *sería* el que trató de robar el cuadro de Goya? (Me pregunto quién era...)
> *Sería* un miembro del cartel de narcotraficantes. (Probablemente era...)

3. Para reforzar las formas de cortesía, amabilidad o modestia.

> ¿*Querría* Ud. decirnos algo?
> ¿*Desearías* venir con nosotros?
> ¿Les *gustaría* a Uds. comer con nosotros?
> ¿*Podría* Ud. ayudarme, por favor?

NOTA: Para expresar el resultado en una condición hipotética. (La condición hipotética se expresa con el imperfecto del subjuntivo.) (Véase Lección 4 pág. 88, número 2.)

Condición hipotética	**Resultado**
Si tuvieran dinero,	*irían* al cine.
Si yo fuera él,	no *haría* la inversión en la bolsa de valores.
Si pudiéramos pintar,	*seríamos* famosos.
Si estudiaras más,	*sacarías* mejores notas en los exámenes.
Si no lloviera,	iríamos a navegar en el velero.
Si me pidieras mi opinión,	te la *daría*.

 Ejercicios de comprobación ....

A. Escribir el verbo en el condicional.

1. Le prometí que yo no lo (hacer) _____ .

2. Dijeron que (volver) _____ del supermercado al mediodía.

3. ¿Adónde (ir) _____ María a esa hora?

4. ¿No (haber) _____ otra ruta más directa?

5. ¿(Desear) _____ (tú) acompañarme?

6. ¿(Poder) _____ ellos indicarnos la mejor fecha para la mudanza?

7. Nosotros (invitar) _____ a todos los vecinos.

8. Yo (desmayarse) _____ al ver un fantasma.

9. (Ser) _____ las tres y media cuando volvieron de la excursión.

10. ¿Qué (decir) _____ él sobre este asunto?

11. Sé que vosotros (tratar) _____ de complacernos.

12. La pobre (tener) _____ unos noventa años cuando murió.

13. A la llegada, el piloto (anunciar) _____ la bienvenida a los pasajeros.

14. ¿Quién (querer) _____ confesar sus errores?

15. Nosotros (leer) _____ todos los artículos escritos por Borges.

B. En una hoja de papel, escribir las oraciones para expresar probabilidad.

1. No encuentro mis gafas; probablemente las *dejé* en el coche.

2. Me pregunto si *optaron* por comprar la casa colonial que vieron ayer.

3. Hace mucho que no los veo por aquí; a lo mejor *se mudaron* ya.

4. La despidieron de su trabajo porque, probablemente, *llegó* tarde.

5. Probablemente, ya *leyó* esa novela; por eso, no la compró.

6. Mi novio no me llama desde hace un mes; ¿*quiere* romper el noviazgo?

7. Me pregunto cuántos años *tenía* ella cuando nació su primer hijo.

8. Nunca oí de esa película; a lo mejor la *censuraron* en nuestra comunidad.

9. No serví paella porque no sabía si mis amigos *eran* alérgicos a los mariscos o no.

10. De todos los carros que hemos manejado no estoy segura cual de ellos *me gusta* más.

● ● ● ● ● ●

IV. El condicional perfecto

Ejemplos

Me dijeron que *habrían terminado* el rodaje de la película en seis meses.
El médico dijo que ella *habría dado* a luz para las diez de la noche.
Habría querido ir a San Antonio, pero no pude.
Si hubieras estado disponible, te *habríamos invitado* a cenar.

Ejercicio de reflexión

Escribir el condicional perfecto.

1. El niño (compartir) _____ los bombones con su amiguito.

2. ¿Quién le (prestar) _____ tanto dinero?

3. Los países ricos (ayudar) _____ a los países pobres.

4. ¿Qué nación (invadir) _____ a otra sin declarar la guerra?

5. Esas cosechas no (alcanzar) _____ para alimentar a la población.

Formación

El condicional perfecto se forma con el condicional del verbo auxiliar *haber* y el participio pasado del verbo principal.

hablar	comer	vivir
habría hablado	habría comido	habría vivido
habrías hablado	habrías comido	habrías vivido
habría hablado	habría comido	habría vivido
habríamos hablado	habríamos comido	habríamos vivido
habríais hablado	habríais comido	habríais vivido
habrían hablado	habrían comido	habrían vivido

En la forma del condicional perfecto los pronombres complementos y reflexivos se colocan antes del auxiliar *haber*.

> Yo *la habría preparado* pero no tuve tiempo. (*la* = la cena)
> Ellos *los habrían abrazado*. (*los* = a sus tíos)
> Tú *te habrías puesto* contenta. (*ponerse*)
> Vosotros *os habríais bañado* en el mar. (*bañarse*)

Usos

1. Para expresar la relación de una acción futura con un momento pasado.

   > Dijo que *habríamos regresado* a las once, pero no volvimos hasta las doce.

2. Para expresar probabilidad o conjetura.

   > Ya *habrían salvado* a los náufragos. (A lo mejor ya los habían salvado.)
   > No estarían aquí porque ya *habrían salido*.
   > No lo harían ahora porque ya lo *habrían hecho*.
   > ¿Quién me *habría mandado* esta tarjeta? *Habría sido* Mamá.

   NOTA: Para expresar el resultado de una condición hipotética en el tiempo del pasado. (La condición hipotética en el pasado se expresa con el pluscuamperfecto del subjuntivo.) (Véase Lección 4, pág. 90, número 2.)

Si hubiéramos viajado por España,	nosotros *habríamos ido* a Bilbao.
Si hubiera tenido tiempo,	yo lo *habría hecho*.
Si me hubiera dicho que era su cumpleaños,	yo le *habría traído* un regalo.
Si hubieras ido al museo la Reina Sofía,	tú *habrías visto* "Guernica".
Si hubierais tenido tiempo,	vosotros *habríais jugado* al jai alai ayer.
Si hubiéramos podido,	nosotros *habríamos descubierto* la cura del cáncer.

✓ Ejercicios de comprobación ....

A. Cambiar del pasado al condicional perfecto.

1. (Íbamos) _____ al discurso del representante.

2. (Te levantaste) _____ a las ocho.

3. (Volvieron) _____ al Hostal de las Hortensias.

4. Yo (venía) _____ con mis amigos a esta discoteca.

5. (Se divirtieron) _____ mucho en Benidorm.

B. Cambiar del condicional al condicional perfecto.

1. Yo (diría) _____ que sí a ese proyecto.

2. ¿Qué (haríamos) _____ con un millón de euros?

3. ¿(Pondrías) _____ tu bicicleta en el garaje?

4. Ellos (leerían) _____ las noticias en la Red.

5. Los ladrones (abrirían) _____ la caja fuerte del banco.

● ● ● ● ● ●

V. Repaso ✖✖✖✖✖✖✖✖✖✖✖✖✖✖✖✖✖✖✖✖✖✖✖✖✖✖✖✖✖✖✖✖✖

♻ Ejercicios de repaso ....

A. Escribir el verbo según el sentido de la oración.

1. Hoy, yo (salir) _____ para el Mediterráneo con mi familia.

   a. Nosotros (bañarse) _____ en el mar.

   b. Mis tíos (llevar) _____ una sombrilla enorme.

   c. Todos (jugar) _____ al vóleibol en la arena.

2. Antier, nosotros (ir) _____ a un restaurante chino y

   a. los vecinos nos (ver) _____ allí.

   b. el camarero nos (servir) _____ la comida.

   c. mi padre (divertirse) _____ muchísimo.

3. Mañana, ellos (aprovechar) _____ del buen tiempo y

   a. (hacer) _____ una excursión a la zona arqueológica.

   b. nosotros (quedarse) _____ en casa.

   c. Uds. (trabajar) _____ todo el día.

4. Cuando éramos jóvenes,

    a. nosotros (celebrar) _____ juntos las fiestas familiares.

    b. ella (tratar) _____ de engañarnos con sus trucos.

    c. tú me (tomar) _____ el pelo siempre.

5. Cuando yo levanté mis ojos cansados para verlos,

    a. él me estaba (sonreír) _____.

    b. tú me estabas (hacer) _____ muecas.

    c. mi madre me estaba (dar) _____ ánimos.

6. Él trabajaría y

    a. nosotros le (ayudar) _____.

    b. yo (seguir) _____ sus órdenes.

    c. vosotros (cumplir) _____ con vuestros deberes.

7. Si nieva mañana,

    a. ella (ir) _____ a Navacerrada a esquiar.

    b. los automovilistas (tener) _____ dificultades.

    c. el quitanieves (tener) _____ que quitar la nieve de las calles.

8. Mientras los niños se bañaban en la piscina,

    a. sus madres (charlar) _____.

    b. (hacer) _____ mucho sol.

    c. nosotros (jugar) _____ en el parque.

9. Si yo fuera presidente,

    a. mi familia me (respetar) _____ más.

    b. los ciudadanos (pagar) _____ menos impuestos.

    c. tú (ser) _____ miembro de mi gabinete.

B. Escribir el verbo según el significado de la oración.

1. El gato entra y se duerme en seguida.

    El gato entró y _____ en seguida.

2. Si puedo, lo haré.

    Si pudiera, lo _____.

3. Ellos nos vieron y nos saludaron amablemente.

    Ellos nos _____ y nos habían saludado amablemente.

4. Todos empiezan a reírse cuando aparece el payaso.

    Todos _____ a reírse cuando apareció el payaso.

5. —¿A qué hora llegas a la parada de autobús? —Llego a las siete.

—¿A qué hora llegaste a la parada de autobús? —_____ a las siete.

6. Ella se despertó y se vistió de prisa.

Ella se _____ y se viste de prisa.

7. Fernando irá a Bogotá y estudiará allí.

Fernando _____ a Bogotá y estudió allí.

8. Lo veo todos los días cuando voy a la oficina.

Lo _____ todos los días cuando iba a la oficina.

9. Los funcionarios no saben lo que hace su jefe.

Los funcionarios no han sabido lo que _____ su jefe.

10. Ustedes se sientan y escuchan la conferencia.

¡_____ Uds. y escuchen la conferencia, por favor!

C. Escribir el tiempo apropiado del verbo según el sentido de la oración.

1. Ese poema ha sido (escribir) _____ por Gabriela Mistral.

2. ¡Por favor, no (olvidarse) _____ Ud. de apagar las luces!

3. Los dos estaban (discutir) _____ el problema cuando yo llegué.

4. Dicen que no van a (ponerse) _____ nunca de acuerdo con el otro candidato.

5. (Ser) _____ en la primavera cuando Raúl

(conocer) _____ a su novia por primera vez.

6. Antes del fin del mes nosotros habremos (gastar) _____ el sueldo.

7. ¡Niños, no (poner) _____ los pies en las sillas!

8. El año pasado ellos (construir) _____ una biblioteca nueva.

9. El acusado seguía (insistir) _____ en que no había

(cometer) _____ el crimen.

10. Vamos a (escaparse) _____ del ruido y de la contaminación del aire.

D. Escribir el verbo en el tiempo perfecto correspondiente.

presente → presente perfecto	imperfecto → pluscuamperfecto
futuro → futuro perfecto	condicional → condicional perfecto

1. No (tenías) _____ la oportunidad de visitarlos.

2. Yo nunca (creería) _____ esa propaganda.

3. Nosotros (saldremos) _____ antes de las dos.

4. ¿Me (prestarías) _____ los discos compactos de Gloria Estefan?

5. ¿Qué (pensará) _____ ella de nuestra idea?

6. Los investigadores (descubrirán) _____ un nuevo virus.

7. (Éramos) _____ íntimos amigos en el jardín infantil.

8. Allí, en esa boutique, nos (envuelven) _____ los regalos.

E. Escribir el verbo en el tiempo apropiado.

1. Hoy,

   a. yo (tener) _____ mucho trabajo.

   b. ellos (ir) _____ a pasear al campo.

   c. tú (poder) _____ salir temprano.

2. Ayer,

   a. nosotros (ir) _____ al cine.

   b. ¿quién (hacer) _____ el trabajo?

   c. yo (estar) _____ aquí dos horas.

3. El año pasado,

   a. ellas (divertirse) _____ mucho allí.

   b. tú y yo (ir) _____ a la casa de los tíos seguido.

   c. nuestros amigos (nadar) _____ en el lago los sábados.

4. Cuando éramos niños,

   a. Papá (salir) _____ de casa muy temprano.

   b. nuestra familia (montar) _____ a caballo en el campo.

   c. (ver) _____ a nuestros abuelos los fines de semana.

5. Mañana,

   a. Papá no (tener) _____ mucho tiempo para cortar la hierba.

   b. el plomero (venir) _____ a arreglar el inodoro.

   c. el médico nos (decir) _____ el diagnóstico.

F. Escribir la forma correcta del verbo en el pretérito o imperfecto según el sentido de la oración.

1. ¿Qué hora (ser) _____ cuando llegó el vuelo de Panamá?

2. ¿Quién (ser) _____ el que rompió el cristal de la ventana?

3. Ella (tener) _____ diez años cuando fue a visitar a su madrina.

4. Ella (tener) _____ que salir inmediatamente al oír la noticia.

5. El autor (saber) _____ ayer que había recibido el Premio Cervantes.

6. Cuando ellos (darse) _____ cuenta, empezaron a llorar.

7. Mi madre (conocer) _____ muy bien a la chica que ganó el trofeo.

8. Anoche, ellos (ver) _____ a la otra profesora de inglés.

9. Isabel siempre (querer) _____ ir a los bailes los sábados.

10. Ellos (querer) _____ hablar con el profesor, pero no lo hicieron.

11. Bernardo (poder) _____ nadar una milla en la piscina cada día.

12. Yo traté de abrir la puerta, pero no (poder) _____.

G. Escribir el verbo en el pretérito o en el imperfecto según el sentido de la oración.

1. Ella no (saber) _____ que íbamos a salir y por eso no estaba lista.

2. El hombre (poder) _____ nadar; no obstante

   (ahogarse) _____.

3. Yo la (conocer) _____ en un crucero navegando por el Caribe.

4. La anciana (tener) _____ ochenta años cuando la asaltaron.

5. Nosotros (querer) _____ salir, pero no pudimos.

6. Ayer, tú (recibir) _____ malas noticias de tu familia.

7. El chico, en ese momento, no (querer) _____ contestar.

8. ¡Qué disgusto cuando ella (saber) _____ la verdad!

9. Por fin, yo (conocer) _____ a los padres de mi amigo.

10. El perro (querer) _____ salir y no pudo porque la puerta estaba cerrada.

H. Escribir el futuro del verbo.

Las modificaciones de las nuevas leyes de tráfico

Hoy, entran en vigor las siguientes modificaciones del Reglamento de Circulación.

- Cinturón. No llevarlo (1. ser)_____ una infracción grave. Los niños

  (2. tener)_____ que ir sujetos en sus sillas de bebé en los asientos

  delanteros y en los traseros, aunque (3. poder)_____ emplear el

  cinturón cuando alcancen una estatura de 1,35 metros. Para las embarazadas,

  (4. haber)_____ que usar el cinturón. Los taxistas

  (5. seguir)_____ exentos en horas de servicio.

- La silla de bebé. No (6. permitirse)_____ colocarse orientada hacia

  atrás en un asiento que tenga una bolsa de aire enfrente.

- Casco de moto. No llevarlo (7. ser)_____ una infracción grave. A partir de hoy, (8. considerarse)_____ obligatorio para los conductores y pasajeros de motocicletas cuando circulen por vías urbanas o interurbanas.

I. Contestar las preguntas expresando conjetura o probabilidad.

1. ¿Adónde fueron los gansos que estaban en el lago ayer? _____
_____

2. ¿Cómo pagó la cuenta en el restaurante? _____
_____

3. ¿Cuántos años tiene nuestro vecino? _____
_____

4. ¿Por qué no nos habían llamado? _____
_____

5. ¿De qué ciudad de Colombia son los nuevos vecinos? _____
_____

6. ¿Dónde aprendió a bailar flamenco Gloria? _____
_____

7. ¿A qué hora crees que se cometió el crimen? _____
_____

8. ¿Por qué está ella tomando té verde a todas horas? _____
_____

9. ¿De qué región de España son estas naranjas? _____
_____

10. ¿Qué corte de pelo quiere el próximo cliente? _____
_____

J. Escribir los verbos en el presente, en el futuro o en el condicional según el contexto.

La meta de este año

Para fines de año, yo ya (1. haber) _____ ahorrado bastante dinero y (2. haber) _____ comprado un automóvil de segunda mano. Yo (3. preferir) _____ que el auto fuera nuevo pero yo no (4. tener) _____ muchos ahorros y no (5. poder) _____ pagar mucho por él.

Si yo comprara un auto americano, mis padres (6. estar) _____ más contentos, pero yo (7. tener) _____ que renunciar a mi sueño de ser dueño de un auto extranjero. A mí, me (8. gustar) _____ comprar un Ferrari. Si lo compro, yo (9. pasear) _____ con mis amigos los fines de semana. El auto (10. ser) _____ el único de su estilo en mi barrio y todos lo (11. admirar) _____.

El mes próximo, yo (12. ir) _____ a la reunión anual de los dueños de Ferrari. Allí, yo (13. conocer) _____ a otros aficionados de los Ferrari y, sin duda, (14. encontrar) _____ algún modelo en venta. Seguramente, el auto no (15. costar) _____ mucho, pero el mantenimiento (16. ser) _____ una locura. El mecánico (17. ser) _____ el que decida si el auto vale la pena o no. Lo bueno es que el pronóstico del tiempo dice que (18. nevar) _____ mucho este invierno de manera que yo (19. palear) _____ mucha nieve y (20. hacerse) _____ rico.

K. Escribir la forma apropiada del verbo entre paréntesis y terminar las oraciones de manera original.

1. Si hubiera un terremoto, (romperse) _____

   (caerse) _____

2. Si no existieran los automóviles, (tener) _____

   (venir) _____

3. Si viviéramos en una isla, (haber) _____

   (ir) _____

4. Si un incendio empezara, (salir) _____

   (correr) _____

5. Si yo fuera pájaro, (querer) _____

   (poder) _____

L. Terminar las oraciones de manera original.

1. En el año 2030, yo _____

2. Durante el año escolar, mis amigos y yo _____

3. Mi familia solía _____

4. Hace diez años que _____

5. Los Juegos Olímpicos de 1992 _____

6. Antes de graduarme de esta escuela, _____

7. En Guatemala, la población indígena _____

8. Cada año en Pamplona, _____

9. Normalmente, los problemas ecológicos _____

10. El SIDA todavía _____

 ## Actividades de comunicación creativa ....

A. Comunicación informal

Escribir un mensaje electrónico a un/a amigo/a que viene a visitarte la semana que viene. Indicar la hora, un lugar específico del aeropuerto y cómo podrá localizarte (número del celular, ropa, descripción física, etc.).

B. Temas para una composición

Escribir una composición en el futuro o en el condicional de unas 12 a 20 oraciones sobre uno de los siguientes temas.

1. La inmigración ilegal causa una gran variedad de problemas en los Estados Unidos. ¿Qué medidas deberían tomar las siguientes personas para solucionar el problema?

   El presidente / los gobernadores de los estados de la frontera / la policía de la comunidad / los ciudadanos / mi familia y yo / los negociantes

2. Los preparativos para organizar y celebrar una fiesta de graduación...

3. La alimentación de los estadounidenses en el año 2050...

4. Cómo sobreviviría yo solo/sola en una isla del Pacífico...

5. Todo lo que podría hacer si ganara el premio "gordo" de la lotería...

El subjuntivo

I. El presente del subjuntivo ✕✕✕✕✕✕✕✕✕✕✕✕✕✕✕✕✕✕✕✕✕✕

Ejemplos

¿Prefieres que lo *haga* yo?
Ud. teme que *llegue* el ciclón.
Es posible que todo *quepa* en la caja.

Será necesario que lo *entendamos* bien.
Dudo que ella *sepa* hablar quechua.
No creemos que *sea* un producto orgánico.

 Ejercicio de reflexión ....

Escribir la forma apropiada del verbo.

1. Es importante que todos (estar) _____ de acuerdo.

2. ¿Quieres que yo (hacer) _____ la tarea?

3. Espero que Uds. me (comunicar) _____ las noticias.

4. Dudamos que ellos nos (ofrecer) _____ el trabajo.

5. Exigen que (nosotros) (resolver) _____ el problema.

6. Ella prefiere que tú (ir) _____ solo.

7. Es una lástima que él no (tener) _____ tiempo para hacer el viaje.

8. Es posible que tú (saber) _____ la respuesta.

9. Los obreros se alegran de que no (haber) _____ huelga.

10. Ojalá que la película (empezar) _____ pronto.

....

Formación

Verbos regulares:

hablar	comer	vivir
habl-**e**	com-**a**	viv-**a**
habl-**es**	com-**as**	viv-**as**
habl-**e**	com-**a**	viv-**a**
habl-**emos**	com-**amos**	viv-**amos**
habl-**éis**	com-**áis**	viv-**áis**
habl-**en**	com-**an**	viv-**an**

Verbos irregulares:

dar	estar	haber
dé	esté	haya
des	estés	hayas
dé	esté	haya
demos	estemos	hayamos
deis	estéis	hayáis
den	estén	hayan

ir	saber	ser
vaya	sepa	sea
vayas	sepas	seas
vaya	sepa	sea
vayamos	sepamos	seamos
vayáis	sepáis	seáis
vayan	sepan	sean

Verbos con irregularidades:

Los verbos que cambian en la raíz en la primera persona singular del presente del indicativo tienen la misma raíz irregular en todas la formas del presente del subjuntivo.

hacer	construir	conocer
(hago)	(construyo)	(conozco)
haga	construya	conozca
hagas	construyas	conozcas
haga	construya	conozca
hagamos	construyamos	conozcamos
hagáis	construyáis	conozcáis
hagan	construyan	conozcan
oír: (oigo) oiga	**salir:** (salgo) salga	**tener:** (tengo) tenga
venir: (vengo) venga	**ver:** (veo) vea	**concluir:** (concluyo) concluya

Verbos con cambios en la raíz:

1. Verbos que terminan en *-ar, -er:*

pensar *(ie)*	volver *(ue)*
p*i*ense	v*ue*lva
p*i*enses	v*ue*lvas
p*i*ense	v*ue*lva
pensemos	volvamos
penséis	volváis
p*i*ensen	v*ue*lvan

2. Los verbos que terminan en *-ir* tienen los mismos cambios que en el presente del indicativo y tienen un cambio adicional, en la primera (*nosotros*) y la segunda (*vosotros*) persona plural.

sentir (ie, i)	dormir (ue, u)	pedir (i)	repetir (i)
s*i*enta	d*ue*rma	p*i*da	rep*i*ta
s*i*entas	d*ue*rmas	p*i*das	rep*i*tas
s*i*enta	d*ue*rma	p*i*da	rep*i*ta
s*i*ntamos	d*u*rmamos	p*i*damos	rep*i*tamos
s*i*ntáis	d*u*rmáis	p*i*dáis	rep*i*táis
s*i*entan	d*ue*rman	p*i*dan	rep*i*tan

Verbos con cambios ortográficos:

Verbos que terminan en:		cambian:	delante de:	ejemplos:
-car,	buscar	*c* → *qu*	e	bus**que**
-gar,	llegar	*g* → *gu*	e	lle**gue**
-zar,	gozar	*z* → *c*	e	go**ce**
-guar,	averiguar	*gu* → *gü*	e	averi**güe**
-ger,	coger	*g* → *j*	a	co**ja**
-gir,	dirigir	*g* → *j*	a	diri**ja**
-guir,	distinguir	*gu* → *g*	a	distin**ga**
vocal + -cer,	conocer	*c* → *zc*	a	cono**zc**a
consonante + -cer,	vencer	*c* → *z*	a	ven**za**

 Ejercicios de comprobación ....

A. Escribir la forma del verbo en el presente del subjuntivo según el sujeto.

  1. nosotros (divertirse) _____

  2. tú (estar) _____

  3. ellos (almorzar) _____

  4. yo (escoger) _____

  5. él (chocar) _____

  6. vosotros (servir) _____

Lección 4

7. ella (saber) _____

8. nosotros (oír) _____

9. Uds. (acostarse) _____

10. los paquetes (caber) _____

B. Escribir la forma del verbo en el presente del subjuntivo.

Durante el vuelo

Al despegar, el capitán requiere que los pasajeros (1. sentarse)_____,
que no (2. fumar)_____, que (3. abrocharse)_____
el cinturón, que (4. mantener)_____ el asiento vertical y que no
(5. usar)_____ aparatos electrónicos.

Al aterrizar, el auxiliar de vuelo pide que los pasajeros no
(6. utilizar)_____ los baños, que (7. poner)_____
las bandejas en su sitio y que (8. tener)_____ cuidado cuando
(9. sacar)_____ su equipaje de la cabina. Finalmente, recomienda
que todos (10. quedarse)_____ sentados hasta que el avión se
(11. haber)_____ parado por completo.

Usos

Cláusulas sustantivas (nominales):

El subjuntivo se emplea en la cláusula subordinada cuando el verbo de la oración principal expresa voluntad, emoción, duda o negación y cuando el sujeto de la oración principal y el sujeto de la cláusula subordinada son diferentes. La cláusula subordinada se introduce siempre con la conjunción *que*.

a. Algunos verbos que requieren el subjuntivo en la cláusula subordinada:

Voluntad		Emoción	Duda/negación
querer	preferir	esperar	dudar
desear	permitir	alegrarse de	negar
mandar	prohibir	temer	no creer
exigir	dejar	tener miedo de	no pensar
insistir en	*decir	sentir	¿Creer...? (cuando
obligar	*escribir	sorprenderse	expresa duda)
pedir		estar contento	
aconsejar		molestarse	

*cuando expresan mandato

NOTA: El infinitivo puede emplearse con los verbos *obligar, prohibir, aconsejar, permitir, hacer, mandar* y *dejar.*

> Les *permito* salir.
> Me *aconsejan* escribirlo.

b. Algunas expresiones impersonales que requieren el subjuntivo:

es necesario	es una lástima	es dudoso	es posible
es preciso	parece mentira	más vale	es probable
conviene	no parece	importa	basta

El subjuntivo *no* se emplea después de:

es verdad	resulta	está claro	parece
es obvio	es cierto	es seguro	es evidente

Es necesario emplear el subjuntivo cuando estas expresiones son negativas:

> Parece que *va* a llover.
> Es verdad que todos *son* competentes.
> Es cierto que *hay* un ensayo esta tarde.

> No parece que **vaya** a llover.
> No es verdad que todos **sean** competentes.
> No es cierto que **haya** un ensayo esta tarde.

NOTA: En las cláusulas propiamente impersonales (sin cláusula subordinada) la expresión impersonal va seguida por el infinitivo.

> Es posible *comer* a las tres de la tarde.
> Es imprescindible *tener* buena salud.
> Más vale no *discutir.*
> Conviene *terminar* pronto.

✓ Ejercicios de comprobación

A. Escribir la forma apropiada del verbo.

1. Él prefiere que ella (venir) _____ la semana próxima.

2. El gobierno manda que nosotros (gastar) _____ menos energía.

3. Es dudoso que la reunión (empezar) _____ a la hora prevista.

4. Creo que ellos ya (estar) _____ de vuelta.

5. Uds. esperan que no (hacer) _____ frío mañana.

6. Sentimos que vosotros no (caber) _____ en nuestro carro.

7. Mamá aconseja que nosotros (dormir) _____ más.

8. Será preciso que yo (ir) _____ contigo.

9. No les permitimos (salir) _____ de noche.

10. Parece mentira que tú no lo (saber) _____.

B. Escribir la letra de la forma apropiada del verbo *salir* que complete las oraciones.

a. salir (infinitivo)   b. salen (presente del indicativo)   c. salgan (presente del subjuntivo)

1. Dígales que _____.
2. Tengo ganas de _____.
3. No dudo que _____.
4. Es mejor que _____.
5. Prefiero que _____.
6. ¿Exigiréis que _____?
7. Me alegro de que _____.
8. Resulta que _____.
9. Insisten en _____.
10. No creemos que _____.
11. Parece que _____.
12. Es preciso _____.
13. Más vale que _____.
14. No niego que _____.
15. No los dejamos que _____.
16. Les voy a pedir que no _____.

C. Escribir una oración completa haciendo todos los cambios necesarios.

1. Mi profesora / exigir / que / nosotros / portarse / bien

_____

2. Yo / alegrarse de / que / Uds. / venir / conmigo

_____

3. Ser / lástima / que / no / haber / comida / mexicano / en / ese / restaurante

_____

4. El arquitecto / temer / que / puente / caerse

_____

5. Es verdad / que / Papá / volver / casa / todo / días / a / mismo / hora

_____

D. Escribir el verbo en el presente del subjuntivo y terminar las oraciones de manera original.

1. Durante un viaje al extranjero, más vale que Uds.

(ir) _____.

(comprar) _____.

(tener) _____.

(llevar) _____.

2. En una fiesta, es dudoso que tú

(estar) _____.

(bailar) _____.

(conocer) _____.

(hacer) _____.

3. Los domingos, es aconsejable que nosotros

     (dormir) _____ .

     (salir) _____ .

     (preparar) _____ .

     (buscar) _____ .

E. Escribir tres terminaciones diferentes para cada oración.

1. Los padres esperan que los hijos

   _____ .

   _____ .

   _____ .

2. Los hijos quieren que los padres

   _____ .

   _____ .

   _____ .

3. Los países desarrollados prefieren que los países en vía de desarrollo

   _____ .

   _____ .

   _____ .

4. Los países en vía de desarrollo necesitan que los países desarrollados

   _____ .

   _____ .

   _____ .

Usos

Cláusulas adverbiales:

a. Se usa el subjuntivo después de las conjunciones temporales si la acción aún no ha sido realizada.

Algunas conjunciones:

tan pronto como	luego que	de manera que	para que
en cuanto	después de que	así que	hasta que
cuando	de modo que	mientras que	

Lección 4

Ejemplos

Comparar:

Me pagarán *en cuanto* **reciban** el dinero.   Siempre me pagan cuando reciben el dinero.

Me pagaron cuando recibieron el dinero.

Después de que **vuelvan,** harán el trabajo.   Después de que volvieron, hicieron el trabajo.

Me quedaré aquí *hasta que* **llegue** el tren.   Me quedé hasta que llegó el tren.

Tan pronto como **empiece** el concierto, nos callaremos.   Tan pronto como empezó el concierto, nos callamos.

b. El subjuntivo se usa, sin excepciones, después de las expresiones:

para que	a menos que	a no ser que	con tal que
antes de que	en caso de que	a condición de que	sin que

Ejemplos

Antes de que **empiece** un partido de béisbol, tocan el himno nacional.
No compro nunca nada *a menos que* **tenga** el dinero en efectivo.
No salimos de noche *sin que* nuestros padres lo **sepan**.
Dejamos un recado *en caso de que* **vengan** nuestros amigos y no estemos.

 Ejercicios de comprobación ....

A. Completar las oraciones con la forma apropiada del verbo.

1. Me quedaré aquí hasta que tú (volver) _____.

2. Él habla sin que nadie le (entender) _____.

3. Ella llamará a su amiga tan pronto como (llegar) _____ a casa.

4. Nosotros regaremos las flores para que (crecer) _____.

5. El gato entra en la casa sin (hacer) _____ ruido.

6. Niño, te compraré el juguete con tal que tú (ser) _____ bueno.

7. Seguiré trabajando hasta que yo (cansarse) _____.

8. Traeré los refrescos a menos que los (traer) _____ vosotros.

9. Cuando (venir) _____ mi abuelo, siempre me trae un regalo.

10. Volverán del aeropuerto después de que ellos (despedirse) _____ de sus amigos.

B. Escribir la forma apropiada del verbo según el contexto.

Tan pronto como Latinoamérica (1. tomar)_____ un rumbo diferente

en su desarrollo económico, será posible que su población

(2. mejorar)_____ el nivel de vida. Es obvio que una economía regional

(3. tener)_____ que respetar ciertas medidas para que

(4. cambiar)_____ las tasas de crecimiento económico. Hasta que la

política fiscal no (5. fortalecerse)_____ no

(6. poderse)_____ esperar que

(7. existir)_____ más estabilidad y reducción de la pobreza.

Cuando (8. liberalizarse)_____ el comercio mundial y cuando la

deuda en moneda extranjera (9. ser)_____ inferior, es seguro que

(10. empezar)_____ a crecer el flujo de capitales de inversión. Está

claro que la expansión de los mercados (11. poder)_____ ofrecer un

futuro más optimista para el continente.

C. Terminar las oraciones de manera original.

1. Mi madre siempre me regaña cuando _____.
2. Te devolveré el dinero tan pronto como _____.
3. ¿Qué harás en caso de que _____?
4. Haremos la excursión el sábado próximo a no ser que _____.
5. El orador hablará despacio para que _____.
6. Esos dos hermanos se ponen a discutir en cuanto _____.
7. No saldrás bien en el concurso a menos que _____.
8. Ven a verme cuando _____.
9. No tomes una decisión hasta que _____.
10. Volvieron de la playa después de que _____.

Usos

Cláusulas relativas (adjetivales):

Se emplea el subjuntivo en la cláusula subordinada cuando el antecedente es indefinido o negativo.

Ejemplos

Comparar:

Quiero comprar *una casa* que **tenga** patio.

Buscan *un intérprete* que **hable** tres idiomas.

¿Hay *alguien* aquí que **conozca** al actor?

No hay *nadie* que **sepa** la respuesta.

No hay *ningún examen* que **dure** más de dos horas.

Quiero comprar la casa que tiene patio.

Buscan al intérprete que habla tres idiomas.

Hay alguien aquí que conoce al actor.

Hay alguien que sabe la respuesta.

Hay un examen que dura más de dos horas.

 Ejercicios de comprobación ....

A. Escribir la forma apropiada del verbo.

1. No hay nadie en nuestra clase que (hablar) _____ ruso.

2. ¿Hay algún estudiante que (vivir) _____ fuera de la ciudad?

3. Prefiero un refresco que no (contener) _____ azúcar.

4. Tengo un coche que (consumir) _____ poca gasolina.

5. Quiere casarse con un hombre que (ser) _____ considerado.

6. Los estudiantes quieren tener un examen que no (exigir) _____ demasiada preparación.

7. No queremos ningún líder que (abusar) _____ de su poder.

8. En esta región no existe ningún árbol que (florecer) _____ todo el año.

9. No hay mar en el que no (haber) _____ vida acuática.

10. No hay ningún adolescente que (confesar) _____ que no le gusta la música.

B. Contestar a las siguientes preguntas con oraciones completas.

1. ¿Existe algún pingüino que viva fuera de la zona ártica? _____

   _____

2. ¿Has visto a algún hombre que mida seis pies y siete pulgadas? _____

   _____

3. ¿Conoces a alguien que pueda cantar y silbar al mismo tiempo? _____

   _____

4. ¿Puedes pensar en algún problema político que tenga una solución fácil? _____

   _____

5. ¿Te has enterado de algún mono que sepa comunicarse con los humanos? _____

   _____

Usos

Otros usos del subjuntivo:

a. Después de la expresión *Ojalá* (palabra de origen árabe que expresa un fuerte deseo), siempre se emplea el subjuntivo.

> ¡*Ojalá* (que) *ganes* la lotería!   ¡*Ojalá* (que) *tengamos* suerte!

b. Generalmente se usa el subjuntivo después de los adverbios *quizá(s) y tal vez*, pero se usa el indicativo para expresar mayor seguridad.

> *Quizás corra* en el maratón de Boston.
> *Tal vez llueva* esta tarde.
> *Tal vez* no *están jugando* al tenis porque está lloviendo.
> Tiene el brazo roto; *quizás tuvo* un accidente.

c. Después de *posiblemente* y *seguramente* se puede usar el indicativo o el subjuntivo, según la duda que quiera expresar el o la que habla. Sin embargo, después de *a lo mejor* siempre se usa el indicativo.

> *Posiblemente hayan* llegado. (no tenemos mucha información → subjuntivo)
> *Posiblemente han* llegado. (es casi seguro → indicativo)
> *A lo mejor han* llegado. (indicativo)

d. Se usa el subjuntivo después de la expresión *acaso* en una oración declarativa, pero se usa el indicativo en una oración interrogativa.

> *Acaso* María Teresa *llegue* a tiempo.
> ¿*Acaso* María Teresa *llega* a tiempo?

e. Después de la conjunción *aunque* se usa el subjuntivo cuando la cláusula se refiere a una condición hipotética. Se usa el indicativo cuando se refiere a un hecho cierto.

> Compraremos los billetes *aunque cuesten* mucho dinero. (no sabemos el precio)
> Compraremos los billetes *aunque cuestan* mucho dinero. (sabemos el precio)

f. Se usa el subjuntivo para expresar una idea concesiva.

> *Sea lo que sea.*　　　　　　　*Digas lo que digas*, no me casaré contigo.
> *Resulte lo que resulte.*　　　*Tenga lo que tenga*, nunca será feliz.

g. Después de la expresión concesiva: *por + adjetivo/adverbio + que + subjuntivo*

> *Por atrevido que sea*, no lo hará.
> *Por mucho que quieran*, no podrán salir.

h. Se usa el subjuntivo después de los antecedentes indefinidos.

> quienquiera　　　　cuandoquiera　　　comoquiera
> (a)dondequiera　　cualquier(a)

> *Quienquiera* que *sea* el nuevo director, tendrá que tomar una decisión.
> *Adondequiera* que *vayas*, encontrarás amigos.

Lección 4

i. Se usa el subjuntivo en ciertas exclamaciones.

    ¡Vivan los novios!   *¡Mueran* los tiranos!
    ¡Viva Cuba libre!   *¡Viva* la independencia!

Ejercicios de comprobación

Escribir la forma apropiada del infinitivo.

1. ¡Ojalá que (divertirse) _____ Uds. en el Canadá!

2. Tal vez (aterrizar) _____ pronto el avión.

3. A lo mejor el buceador (encontrar) _____ el tesoro en el fondo del mar.

4. Pase lo que (pasar) _____, haré el viaje.

5. Quienquiera que (ser) _____, no abras la puerta.

6. A lo mejor vosotros (ponerse) _____ el abrigo antes de salir.

7. Por mucho que él (hacer) _____, no terminará el proyecto.

8. (Ser) _____ lo que sea, lo aceptará.

9. Aunque no (nevar) _____ mañana, esquiaremos.

10. ¿Acaso (venir) _____ tus padres a visitarte ayer?

· · · · · ·

II. El presente perfecto del subjuntivo

Ejemplos

Temo que me *hayan robado.*
Es posible que nuestro equipo *haya ganado.*
No hay nadie que *haya visto* esa película.
Parece mentira que tú *hayas recibido* una cuenta equivocada.
Lo haremos antes de que vosotros *hayáis vuelto.*
Queremos encontrar una vendedora que *haya trabajado* en tecnología.

Ejercicio de reflexión

Escribir la forma apropiada del verbo *haber* en el presente del subjuntivo.

1. Ojalá que ellos _____ traído la merienda.

2. La madre se alegra de que sus hijos se _____ graduado.

3. El chico querrá jugar hasta que su equipo _____ ganado el partido.

4. Me quedaré aquí hasta que tú _____ terminado de comer.

5. Es una lástima que nosotros no lo _____ visto.

....

Formación

El presente perfecto del subjuntivo se forma con el presente del subjuntivo del verbo auxiliar *haber* + el participio pasado del verbo principal.

hablar	comer	vivir
haya hablado	haya comido	haya vivido
hayas hablado	hayas comido	hayas vivido
haya hablado	haya comido	haya vivido
hayamos hablado	hayamos comido	hayamos vivido
hayáis hablado	hayáis comido	hayáis vivido
hayan hablado	hayan comido	hayan vivido

Usos

Se usa para expresar una acción acabada. También puede expresar una acción futura; en este caso sustituye al futuro perfecto.

> No creo que *haya tenido* éxito la película.
> Tú estás sorprendido de que ellos *hayan podido* decir tal cosa.
> Cuando *hayas entrado*, cierra la puerta.

✓ Ejercicios de comprobación ....

Escribir la forma apropiada del verbo en el presente perfecto del subjuntivo.

1. Cuando Ud. llegue, temo que la obra ya (acabarse) _____.

2. Ellos se alegran de que nosotros (volver) _____.

3. Tan pronto como tú (escribir) _____ la carta, ¡mándala!

4. No hay nadie aquí que (caminar) _____ en el planeta Marte.

5. Uds. no sabrán llegar a Toledo a menos que (consultar) _____ el mapa.

• • • • • •

III. El imperfecto del subjuntivo (pretérito imperfecto del subjuntivo)

Ejemplos

Me alegré de que tu hermana *viniera* (viniese) a mi boda.

No saldríamos de noche sin que nuestros padres lo *supieran* (supiesen).

Nos desesperaba que los niños *miraran* (mirasen) tanto la televisión.

El sol se puso antes de que *salieran* (saliesen) las estrellas.

Buscaban un traje que les *gustara* (gustase).

No querríamos tener ningún examen que *fuera* (fuese) difícil.

Adondequiera que él *fuera* (fuese), siempre encontraba amigos.

Si *tuviéramos* (tuviésemos) más tiempo, haríamos más viajes.

Ellos nos miran como si no nos *conocieran* (conociesen).

Ellos nos miraban como si no nos *conocieran* (conociesen).

Si tú *leyeras* (leyeses) con más cuidado, entenderías la historia mejor.

Ejercicio de reflexión

Escribir la forma apropiada del imperfecto del subjuntivo según el sujeto.

1. Ud. (divertirse) _____

2. tú (traducir) _____

3. ella (estar) _____

4. nosotros (andar) _____

5. vosotros (oír) _____

6. yo (hacer) _____

7. Uds. (dormir) _____

8. nosotros (caber) _____

9. él (seguir) _____

10. tú (saber) _____

Formación

Se forma el imperfecto del subjuntivo cambiando la terminación *-ron* de la tercera persona plural del pretérito a: *-ra, -ras, -ra, -´ramos, -rais, -ran* o a *-se, -ses, -se, -´semos, -seis, -sen*. La *a* o *e* que precede la terminación de la 1ª persona plural lleva acento.

hablar		comer		vivir	
habla-**ra**	habla-**se**	comie-**ra**	comie-**se**	vivie-**ra**	vivie-**se**
habla-**ras**	habla-**ses**	comie-**ras**	comie-**ses**	vivie-**ras**	vivie-**ses**
habla-**ra**	habla-**se**	comie-**ra**	comie-**se**	vivie-**ra**	vivie-**se**
hablá-**ramos**	hablá-**semos**	comié-**ramos**	comié-**semos**	vivié-**ramos**	vivié-**semos**
habla-**rais**	habla-**seis**	comie-**rais**	comie-**seis**	vivie-**rais**	vivie-**seis**
habla-**ran**	habla-**sen**	comie-**ran**	comie-**sen**	vivie-**ran**	vivie-**sen**

Hay que recordar que en el pretérito del indicativo hay muchos verbos irregulares.

Infinitivo	Pretérito	Imperfecto del subjuntivo
tener	tuvieron	tuviera, tuviese
ir	fueron	fuera, fuese
caber	cupieron	cupiera, cupiese
decir	dijeron	dijera, dijese
traer	trajeron	trajera, trajese
hacer	hicieron	hiciera, hiciese
poder	pudieron	pudiera, pudiese
poner	pusieron	pusiera, pusiese
querer	quisieron	quisiera, quisiese
saber	supieron	supiera, supiese
haber	hubieron	hubiera, hubiese
valer	valieron	valiera, valiese
venir	vinieron	viniera, viniese
dar	dieron	diera, diese

Usos

1. Las mismas reglas que rigen el uso del presente del subjuntivo también se aplican al uso del imperfecto del subjuntivo. El tiempo del verbo de la oración principal determina el tiempo de la cláusula subordinada.

Tiempo	Oración principal	Cláusula subordinada
(presente)	Ud. manda	
(futuro)	Ud. mandará	que salgan. (presente del subjuntivo)
(presente perfecto)	Ud. ha mandado	
(imperativo)	¡Mándeles... !	
(imperfecto)	Ud. mandaba	
(pretérito)	Ud. mandó	que salieran.
(pluscuamperfecto)	Ud. había mandado	(imperfecto del subjuntivo)
(condicional)	Ud. mandaría	

NOTA: Es posible emplear el imperfecto del subjuntivo en la cláusula subordinada después de un verbo en el presente si la acción de la cláusula subordinada expresa una acción en el pasado.

Temo que *vinieran* tarde. (ayer)
Espero que *tuvieras* buena suerte. (anoche)

2. Para expresar una idea hipotética, contraria a la realidad en el pasado o improbable en el futuro, se emplea el imperfecto o el pluscuamperfecto del subjuntivo. (Véase pág. 90, número 2.) El resultado de la condición se expresa normalmente con el condicional.

> Si *fuera* (fuese) verdad, yo no lo *negaría*.
> Si *estuviera* enferma, *consultaría* con el mejor especialista.

3. Después de la expresión *como si* (y *cual si* en lenguaje poético) se emplea el imperfecto del subjuntivo.

> Anda *como si fuera* una bailarina del ballet.
> Ellos hablan *como si* lo *supieran* todo.
> La luna brilla *cual si fuera* de plata.
> Las hojas flotan en el aire *cual si fueran* aves.

4. Después de la expresión *ojalá*, se emplea el imperfecto del subjuntivo si se refiere a una situación hipotética.

> *Ojalá* (que) *tuviéramos* más tiempo para conversar.
> *Ojalá* (que) *fuera* rico.

5. Se usa el imperfecto del subjuntivo o el condicional de los verbos *deber*, *querer* y *poder* para dar un tono de cortesía a la oración.

> *Debiera* ser más prudente. (Debería)
> ¿*Quisieras* acompañarnos al partido? (Querrías)
> ¿*Pudieran* Uds. aplicarse más al trabajo? (Podrían)

 Ejercicios de comprobación ....

A. Escribir la forma apropiada del verbo en el imperfecto del subjuntivo.

1. Yo esperaba que ellos (venir) _____ más pronto.

2. Si él (tener) _____ un coche, nos llevaría a la playa.

3. Era preciso que nosotros (salir) _____ antes de las ocho.

4. ¡Ojalá que anoche él (haber) _____ llegado sano y salvo!

5. Sentimos mucho que vosotros no (estar) _____ de vacaciones.

6. Ella se casó con Pedro antes de que él (graduarse) _____.

7. Ud. dudaba que ellas (recibir) _____ las cartas.

8. Buscábamos un intérprete que (hablar) _____ italiano.

9. A mis padres les gustaba que yo no (volver) _____ tarde a casa.

10. Él salió de la habitación sin que nadie lo (oír) _____.

B. Escribir la forma correcta del verbo según el sentido de la nueva oración.

>   **Modelo:** Es posible que *vengan.*   Si *tengo* dinero, iré.
>   Era posible que *vinieran.*   Si *tuviera* dinero, iría.

1. Me acuesto antes de que él vuelva.

   Me acosté antes de que él _____.

2. Ella llegará después de que nosotros comamos.

   Ella llegó después de que nosotros _____.

3. Busco un barco que vaya a Santiago de Chile.

   Buscaba un barco que _____ a Santiago de Chile.

4. ¿Quieres un cuarto que dé a la calle?

   ¿Querías un cuarto que _____ a la calle?

5. Dondequiera que él mire, no verá a nadie.

   Dondequiera que él _____, no veía a nadie.

6. Es cierto que ella sabe nadar.

   Era cierto que ella _____ nadar.

7. Te mandaré el cuadro para que tú lo vendas.

   Te mandé el cuadro para que tú lo _____.

• • • • • •

IV. El pluscuamperfecto del subjuntivo

No creía que el arquitecto *hubiera construido* un edificio tan moderno.
Si el criminal *hubiera confesado*, lo habrían perdonado.
Aunque él no lo *hubiera comprado*, ya se lo había vendido a otro.
Queríamos contratar una enfermera que *hubiera viajado* a Centroamérica.
Es posible que ellos no *se hubieran acordado* de la fecha.
Él llamó antes de que ella *se hubiera levantado*.
¡Ojalá que me lo *hubieran dicho* antes!

Ejercicio de reflexión

Escribir la forma apropiada del pluscuamperfecto del subjuntivo.

1. Temían que el criminal se (escapar) _____.

2. Es dudoso que ella (hacer) _____ el viaje.

3. No había nadie que (decir) _____ tal cosa.

4. Si tú (estar) _____ allí, habrías visto el accidente.

5. Ellos se alegraron de que nosotros (asistir) _____ a la boda.

....

Formación

El pluscuamperfecto del subjuntivo se forma con el imperfecto del subjuntivo de *haber* (*hubiera, hubiese*) y el participio pasado del verbo que se conjuga.

hablar	comer	vivir
hubiera (hubiese) hablado	hubiera (hubiese) comido	hubiera (hubiese) vivido
hubieras (hubieses) hablado	hubieras (hubieses) comido	hubieras (hubieses) vivido
hubiera (hubiese) hablado	hubiera (hubiese) comido	hubiera (hubiese) vivido
hubiéramos (hubiésemos) hablado	hubiéramos (hubiésemos) comido	hubiéramos (hubiésemos) vivido
hubierais (hubieseis) hablado	hubierais (hubieseis) comido	hubierais (hubieseis) vivido
hubieran (hubiesen) hablado	hubieran (hubiesen) comido	hubieran (hubiesen) vivido

Usos

1. Se usa para expresar una acción ya acabada. También puede expresar una acción futura; en este caso sustituye al pluscuamperfecto del indicativo.

    Dudábamos que ellos *hubieran escrito* esas cartas.
    Era importante que los bomberos *hubieran apagado* el fuego.
    Prometí hacerlo tan pronto como *hubiera conseguido* los fondos.

2. El pluscuamperfecto del subjuntivo se emplea en cláusulas condicionales para expresar una idea hipotética o contraria a la realidad en el pasado.

    Si no *hubiera sido* la verdad, él no lo habría dicho.
    Si lo *hubieras dicho* con más cortesía, te habrían atendido mejor.

    NOTA: A veces en la cláusula resultante se emplea el imperfecto del subjuntivo en vez del condicional. En estos casos únicamente se usa la forma -*ra*, **nunca** -*se*. (Se puede expresar la condición con las dos formas.)

    Si mi padre *hubiera tenido* el dinero, *hubiera comprado* ese yate.
    Si mi padre *hubiese tenido* el dinero, *hubiera comprado* ese yate.

3. Después de la expresión *ojalá* se emplea el pluscuamperfecto del subjuntivo para expresar una situación contraria a la realidad en el pasado.

    Ojalá que *hubiéramos hablado* con ellos.
    Ojalá que ellos *hubieran estado* aquí cuando el equipo ganó el campeonato.

✓ Ejercicios de comprobación

Escribir la forma apropiada del verbo en el pluscuamperfecto del subjuntivo.

1. Si yo (tener) _____ tiempo, habría visitado las Islas Canarias.

2. No creía que ellos (decir) _____ tal cosa.

3. Era posible que nosotros (olvidar) _____ los billetes.

4. Buscábamos a alguien que (ver) _____ aquel programa de televisión.

5. ¡Ojalá que tú (poder) _____ encontrarlo!

● ● ● ● ● ●

V. Repaso

♻ Ejercicios de repaso

A. Escribir la forma del verbo según el sentido de la oración.

1. Queremos que tú (ir) _____ al cine con nosotros.

2. Por mucho que él (correr) _____, no ganará el premio.

3. El maestro mandó que nosotros (salir) _____.

4. ¡Ojalá que vosotros (saber) _____ la verdad!

5. La ley me prohíbe que yo le (dar) _____ más dinero al candidato.

6. Él me lo dijo todo cuando me (ver) _____.

7. Íbamos a esperar hasta que (venir) _____ la guagua, pero no vino.

8. ¿Sabes acerca de alguien que (haber) _____ muerto en una guerra?

9. Ellos no creían que nosotros (poder) _____ sobrevivir un *tsunami*.

10. Debemos salir antes de que (llover) _____.

B. Escribir la forma apropiada del verbo según el sentido de la oración.

1. Me pidió que le (enseñar) _____ a conducir el coche.

2. Alberto quiere comprar un traje que (ser) _____ de corte italiano.

3. Nos avisarán tan pronto como (regresar) _____.

4. Si nosotros te (haber) _____ visto, te habríamos saludado.

5. "Más vale (llegar) _____ tarde que nunca."

6. Mientras el profesor (hablar) _____, los estudiantes escribían.

7. Prefieren que nosotros (repetir) _____ el ejercicio.

8. Dudo que ella (haber) _____ despertado tan temprano.

9. ¿Qué haremos en caso de que (hacer) _____ mal tiempo mañana?

10. Es cierto que Rafael lo (tener) _____ todo arreglado para el viaje.

C. Escribir *SÍ*, si se necesita el subjuntivo en la cláusula que sigue;
NO, si no se necesita el subjuntivo; o
DEPENDE, si el uso del subjuntivo depende del contexto.

_____ 1. ...en cuanto...

_____ 2. Era preciso que...

_____ 3. ...como si...

_____ 4. Quienquiera que...

_____ 5. Antes de...

_____ 6. Dudábamos que...

_____ 7. ...con tal que...

_____ 8. Tengo un amigo que...

_____ 9. Si...

_____ 10. Buscan un piso que...

_____ 11. Más vale que...

_____ 12. ...después de que...

_____ 13. Quizás...

_____ 14. ...de modo que...

_____ 15. Convendría que...

_____ 16. ...mientras...

_____ 17. ...tan pronto como...

_____ 18. Nos prohíben...

_____ 19. No niegan que...

_____ 20. Parece que...

D. Escribir el verbo en los tiempos del pasado necesarios y, después, escribir la conclusión de la historia con un mínimo de cinco oraciones originales.

Noche de fiesta

(1. Ser) _____ verano y (2. hacer) _____ mucho calor. Antes de que (3. anochecer) _____, nosotros

(4. ir) _____ al parque para ver los fuegos artificiales. Desgraciadamente, el cielo (5. estar) _____ muy nublado y por lo tanto, todos

(6. temer) _____ que (7. volver) _____ a llover. La meteoróloga (8. haber) _____ (9. pronosticar) _____

aguaceros para aquella misma noche. Todos (10. esperar) _____ que

no (11. cancelarse) _____ el espectáculo. Cientos de personas

(12. haber) _____ (13. acudir) _____ para

disfrutar de la celebración más importante del año. De repente,

(14. haber) _____ alboroto y, sin que nadie

(15. poder) _____ anticipar lo que (16. ir) _____ a

ocurrir...

_____

_____

_____

_____

_____

_____

E. Escribir oraciones completas según el tiempo del verbo indicado.

1. Susana salió / sin que / nosotros / enterarse

_____

2. No van / verme / hasta que / ellos / volver

_____

3. Ojalá / todos / divertirse / mucho / esta / noche

_____

4. No había / nada / nos / interesar / en / liquidación

_____

5. En caso de que / llover / lleve Ud. / paraguas

_____

F. Escribir una sola oración uniendo las dos dadas con las palabras indicadas.

Modelo: Es posible. Ellos van al circo. *que*
Es posible *que* ellos vayan al circo.

1. Él estudia. Tú lees. *cuando*

_____

2. Nos quedaremos aquí. Ellos llegan. *hasta que*

_____

3. Yo no iría. Uds. no pueden acompañarme. *si*

_____

4. Ellos salieron de la casa. Nadie los vio. *sin que*

_____

5. Aprendimos la lección. Hemos estudiado tres horas. *después de que*

_____

6. No me permitió hablar. Yo hablo en español. *a menos que*

_____

7. Tenían una casa. Era grande y bonita. *que*

_____

8. No saldremos. Lloverá mañana. *si*

_____

9. Uds. hablan español. Uds. son de España. *como si*

_____

10. Él nos lo dijo. Nosotros sabemos la verdad. *para que*

_____

G. Terminar las oraciones de manera original. Atención al tiempo del verbo.

1. En los museos no permiten que los turistas _____.

2. En el restaurante prefirieron que la propina _____.

3. Los chicos tenían miedo de que los fantasmas _____.

4. El supervisor nos obligó a que nosotros no _____.

5. La ley mandaba que todos _____.

6. La nutricionista me dijo ayer que yo _____.

7. Mi abuela ha insistido en que los nietos _____.

8. El ingeniero se sorprendió de que el puente _____.

9. No creo que tú _____.

10. Pensábamos que los camellos _____.

H. Escribir el verbo en el tiempo apropiado del pasado.

¿Cómo escoger un cachorrito?

Los niños (1. querer) _____ que sus padres les

(2. comprar) _____ un perro, pero (3. tener) _____

que ser un cachorro y (4. deber) _____ ser cariñoso y peludo. Un

día en febrero, nosotros (5. ir) _____ al consultorio de una veterinaria.

Ella nos (6. decir) _____ que una perra sabuesa

(7. haber) _____ parido y que los dueños

(8. querer) _____ vender sus cachorros. Nosotros

(9. alegrarse) _____ mucho de que (10. haber) _____

alguien que (11. tener) _____ el cachorro de nuestros sueños. Nosotros

(12. llamar) _____ por teléfono y (13. fijar) _____

una fecha para visitar la finca donde (14. estar) _____ los cachorritos. La dueña

(15. permitir) _____ que los niños (16. jugar) _____

con ellos. Nosotros (17. insistir) _____ en que los niños

(18. escoger) _____ el que más les (19. gustar) _____. Así,

(20. ser) _____ cómo "Molly", la perrita, (21. venir) _____

a vivir en nuestra casa.

I. Escribir el verbo para expresar el futuro o el futuro inmediato.

1. Yo (hacer) _____ el viaje durante el próximo verano.

2. El chico (estar) _____ jugando al tenis.

3. Nosotros no (tener) _____ tiempo esta noche.

4. Yo (haber) _____ terminado el trabajo para mañana.

5. Ellos (hacer) _____ todo lo posible por nosotros.

6. ¡Adiós! ¡Nosotros (verse) _____ mañana!

7. Nuestro tío (despedirse) _____ de nosotros este fin de semana.

8. Yo no (venir) _____ hasta el jueves.

9. Si veo a mi hija, yo le (decir) _____ todo.

10. Si tú no nos das la respuesta, nosotros no la (saber) _____.

J. Completar con la forma apropiada del verbo entre paréntesis.

1. Si yo estudiara mucho, (sacar) _____ buenas notas.

2. Si vamos al cine, nosotros (ver) _____ una buena película.

3. Si hiciera sol, nosotros (dar) _____ un paseo por el parque.

4. Si visitamos el museo, (tener) _____ más conocimientos.

5. Si ellos tuvieran más dinero, (viajar) _____ por Europa.

6. Si tú pudieras decidir, ¿a qué hora (levantarse) _____?

7. Si yo estoy enferma, yo no (ir) _____ a la fiesta.

8. Si ellos hubieran venido, ellos la (haber) _____ conocido.

9. Si nosotros viéramos al entrenador, le (hablar) _____.

10. Si hace más frío esta tarde, nosotros (poder) _____ patinar.

Actividades de comunicación creativa ....

A. Comunicación informal

1. Escribir una carta de queja al director del periódico escolar o local sobre un asunto que te parece importante. (¿Qué lamentas, pides, demandas, esperas, prefieres? ¿Qué te molesta, te agrada, te da rabia, te sorprende? ¿Qué recomiendas, aconsejas, sugieres, es necesario cambiar?)

2. Escríbir el mejor horóscopo imaginable del signo del zodiaco de tu mejor amigo/amiga para dárselo como regalo de cumpleaños.

B. Temas para una composición

Escribir una composición de unas 15 a 25 oraciones sobre uno de los siguientes temas.

1. Escribir las instrucciones que le vas a dar al vecino que va a cuidar a tu mascota (perro, gato o pájaro) durante el fin de semana mientras tú estés de viaje.

   • Incluye lo que quieres que haga y que no haga.
   • Usa las siguientes expresiones: *en caso de que, cuando, a menos que, para que.*
   • Menciona lo que temes que pueda occurir.

2. Escribir un correo electrónico a tus padres para convencerlos que te den permiso de viajar con tus compañeros a Ibiza durante las vacaciones escolares.

   • Explica las ventajas y desventajas de tal aventura.
   • Cuéntales lo que has programado para después de que llegues a las Islas Baleares.
   • Intenta emplear una variedad de los usos del subjuntivo.

....

Los sustantivos y los artículos

I. El género y el número de los sustantivos

Ejemplos

el profesor	**el** tomate	**la** playa	**la** isla
el cuaderno	**el** teatro	**la** biblioteca	**la** música
El Salvador	**el** coraje	**La** Paz	**la** ópera

Ejercicio de reflexión

Escribir el artículo correspondiente.

1. _____ arte
2. _____ ecoturismo
3. _____ autopista
4. _____ héroe
5. _____ campesina
6. _____ rascacielos
7. _____ móvil

8. _____ música
9. _____ precio
10. _____ oveja
11. _____ persona
12. _____ garaje
13. _____ costumbre
14. _____ gente

15. _____ poema
16. _____ gas
17. _____ hielo
18. _____ planeta
19. _____ culto
20. _____ balsa
21. _____ ubicación

Explicación

Todos los sustantivos son del género masculino o femenino. Siempre es útil saber algunas de las reglas que sirven para determinar el género de los sustantivos en español.

El género femenino:

Generalmente, los sustantivos que terminan en *a* (excepto *el día, el mapa*) son femeninos. Las palabras que terminan en *-ie, -ad, -umbre, -ción, -sión* o *-ud* también son femeninas.

-ie	**-ad**	**-umbre**
la serie	la amistad	la legumbre
la especie	la caridad	la certidumbre
la planicie	la felicidad	la costumbre
la superficie	la universidad	la muchedumbre

-ción	**-sión**	**-ud**
la sensación	la comisión	la salud
la nación	la tensión	la virtud
la revolución	la procesión	la aptitud
la concentración	la misión	la juventud

Otras palabras femeninas:

enfermedades	**islas, provincias**	**letras**
la tuberculosis	la Isla de Pinos	la hache (h)
la diabetes	la Patagonia	la eñe (ñ)
la poliomelitis	las Islas Baleares	la elle (ll)
la conjuntivitis	la Tierra del Fuego	la che (ch)

El género masculino:

Los sustantivos que terminan en *o* (excepto *la mano*) y en *-aje* son masculinos. Otros sustantivos son masculinos según el grupo al que pertenecen.

-aje	**nombres de árboles**	**números**
el garaje	el manzano	el siete
el traje	el naranjo	el trece
el personaje	el mango	el treinta
el coraje	el peral	el millón
el fuselaje	el abedul	el cien
el pasaje	el arce	el veinte
el caudillaje	el cocotero	el quince

puntos cardinales	**notas musicales**	**días de la semana**
el norte	el do	el lunes
el sur	el mi	el miércoles
el este	el sol	el domingo
el oeste	el la	el sábado

nombres compuestos	**nombres de ríos, lagos, montes, estrechos, mares**	
el abrelatas	el Tajo	el Mediterráneo
el parabrisas	el Amazonas	el Caribe
el paraguas	el Orinoco	el río de la Plata
el portaaviones	el Paraná	el Aconcagua
el portamonedas	el Hudson	el Popocatépetl
el lavaplatos	el Canal de Panamá	el estrecho de Magallanes
el rascacielos	el lago de Maracaibo	el río Negro

Algunos sustantivos que terminan en *-ma* son masculinos.

-ma

el tema	el telegrama	el mamograma
el idioma	el programa	el drama
el problema	el poema	el ecosistema
el clima	el teorema	el monograma

NOTA: Los sustantivos que terminan en e pueden ser masculinos o femeninos.

el puente   la fuente   la gente   el horizonte   la mente

Hay sustantivos que tienen la misma forma para ambos géneros. El artículo determina el género.

el artista	la artista
el ciclista	la ciclista
el mártir	la mártir
el astronauta	la astronauta
el periodista	la periodista
el testigo	la testigo
el telefonista	la telefonista
el atleta	la atleta
el modelo	la modelo

excepción:

la víctima   la víctima

Hay sustantivos que tienen formas distintas para cada género.

el actor	la actriz
el toro	la vaca
el hombre	la mujer
el yerno	la nuera
el caballo	la yegua
el poeta	la poetisa
el rey	la reina
el gallo	la gallina
el héroe	la heroína
el conde	la condesa
el barón	la baronesa
el emperador	la emperatriz
el príncipe	la princesa
el monje	la monja
el marido	la mujer
el infante	la infanta
el varón	la hembra

Algunos sustantivos que se refieren a animales, peces, reptiles, insectos y pájaros emplean la misma palabra para ambos géneros.

la cigüeña	la araña	la hormiga
el mosquito	la serpiente	el águila
la jirafa	la avispa	el pelícano
el murciélago	la oruga	el gusano
la ballena	el tiburón	la anguila

Hay sustantivos que cambian su significado según el género.

masculino	femenino
el orden	la orden
el cura	la cura
el papa	la papa
el capital	la capital
el frente	la frente
el policía	la policía
el guía	la guía
el corte	la corte

Por ejemplo:

Según *el orden* alfabético, la *a* viene antes de la *b*.
La monja pertenece a *la orden* dominicana.
El sargento dio *la orden* de retroceder.

Para saber *la cura* de la enfermedad hace falta ir al médico.
El cura oyó la confesión de los ficles.

A los belgas les gustan *las papas* fritas con mayonesa.
El Papa vive en el Vaticano.

Le falta *el capital* para establecer un negocio.
La capital de los Estados Unidos es Washington, D.C.

Los soldados están en *el frente* esperando el ataque.
Después del accidente, le quedó una cicatriz en *la frente*.

El policía de la esquina nos ayudó a cruzar la calle.
La policía montada canadiense patrulla los bosques.

Miramos *la guía* telefónica para saber el número de teléfono.
El guía nos mostró los jardines de la Alhambra en Granada.

La abogada fue a *la corte* para defender a su cliente.
¿Quién te hizo *el corte* de pelo?

Palabras de origen griego, árabe e indígena de América y sus géneros correspondientes:

griego	árabe	indígena de América
el planeta	el alcohol	el chocolate
el sistema	la almohada	el cacahuete
el crucigrama	el alcalde	el maní
el cometa	el alcázar	el cacique
el astronauta	la acequia	el maíz
el dilema	el álgebra	el aguacate
el teorema	la albóndiga	la canoa
	el ajedrez	la hamaca
	la alfombra	la barbacoa
		el huracán

✓ Ejercicios de comprobación

A. Escribir el artículo masculino o femenino.

1. _____ canción
2. _____ Río Grande
3. _____ idioma
4. _____ riego
5. _____ especie
6. _____ abrelatas
7. _____ muchedumbre

8. _____ arte
9. _____ general San Martín
10. _____ clase
11. _____ alma
12. _____ historia
13. _____ automóvil
14. _____ ciudad

15. _____ día
16. _____ madre
17. _____ poeta
18. _____ noche
19. _____ pared
20. _____ personaje

B. Escribir el artículo apropiado.

1. ¿Vendrán _____ sábado o _____ domingo?

2. _____ juventud de hoy día trabaja para _____ bienestar de todos.

3. ¿Prefieres _____ oro o _____ plata?

4. _____ Alhambra está situada al pie de _____ Sierra Nevada.

5. La torre de _____ Giralda es la más esbelta de _____ ciudad.

6. _____ superficie de la Luna fue explorada por _____ astronautas.

7. Entendemos _____ idioma inglés, pero no entendemos muy bien _____ idioma alemán.

8. Virginia compró _____ traje de lana y _____ blusa de seda.

9. Mi padre estaciona su carro en _____ garaje.

10. ¿Qué estudia tu prima en _____ universidad?

C. Escribir el femenino de cada uno de los sustantivos.

1. el yerno _____
2. el emperador _____
3. el padre _____
4. el artista _____
5. el testigo _____
6. el caballo _____
7. el actor _____
8. el rey _____
9. el marido _____
10. el pintor _____

11. el gallo _____
12. el pianista _____
13. el varón _____
14. el toro _____
15. el murciélago _____
16. el infante _____
17. el monje _____
18. el tiburón _____
19. el héroe _____
20. el mosquito _____

• • • • • •

II. Los artículos

Ejemplos

El café de Colombia es bueno.
No me gusta *el* café *del* hotel.
Armando compró *un* libro.
Borges es *un* escritor muy famoso.

Ellos hacen *el* trabajo con gusto.
Unas amigas mías fueron a *la* peluquería.
La tía de Margarita es *una* psiquiatra.
Leí *un* artículo en *la* Red.

Ejercicio de reflexión

Escribir el artículo definido o indefinido, o la contracción.

1. _____ naranjas de Valencia son unas de _____ mejores del mundo.

2. _____ pollo cuesta dos euros _____ kilo.

3. _____ Jiménez nos visitarán durante _____ vacaciones.

4. _____ primeros exploradores en América descubrieron _____ Amazonas y _____ Andes.

5. En _____ Estados Unidos, _____ español es _____ asignatura importante.

6. _____ paciencia es _____ virtud.

7. _____ jóvenes de _____ barrio han formado un equipo de fútbol.

8. Ellos siempre me llaman por teléfono _____ domingos.

9. _____ Sr. Martín es _____ ingeniero muy conocido.

10. ¿Cómo se llama _____ país de América _____ Sur en el cual se habla portugués?

Explicación

El artículo precede al sustantivo indicando su género y número. (Los artículos definidos son: *el*, *los*, *la*, *las*. Los artículos indefinidos son: *un*, *unos*, *una*, *unas*.)

A. El artículo definido

Usos

1. En sentido general:

La fruta es buena.

No me gusta *el* ruido.

La historia es interesante.

Los ratones son más pequeños que *los* elefantes.

El amor es eterno.

La música es un arte.

2. En sentido específico:

Las naranjas de Valencia son
muy dulces.

No me gusta *el* ruido de *las*
motocicletas.

El Ratoncito Pérez trae *el* dinero a los niños
cuando se les caen los dientes.

El amor materno es sincero.

La historia de América es fascinante.

3. El artículo definido es necesario en los casos siguientes:

a. Los huevos cuestan veinte pesos *la* docena. (cada docena)

b. *Los* sábados vemos los deportes en la televisión. (todos los sábados)

c. *la* belleza   *el* amor   *la* caridad   *la* esperanza   *la* fe
(palabras abstractas)

d. Le duele *la* cabeza.
(con partes del cuerpo humano en lugar del adjetivo posesivo)

e. Al entrar en el cuarto José se quitó *el* sombrero.
(en general, cuando se refiere a la ropa)

f. *La* Mistral recibió el Premio Nobel.
(apellido famoso de mujer)

g. *la* Argentina   *el* Perú   *el* Brasil   *el* Canadá
el Ecuador   *el* Paraguay   *el* Uruguay   *los* Estados Unidos
la China   *El* Salvador   *el* Japón   *la* India
La Habana   *el* Callao   *La* Coruña   *El* Escorial

(algunos nombres de ciudades y países) (En el lenguaje periodístico y entre muchos
hispanohablantes hay tendencia a omitir el artículo correspondiente al país.)

h. *Los* Arteta, *los* Gómez y *los* Álvarez viven en Miami.
(los apellidos llevan el artículo en plural)

i. *El* doctor Severo Ochoa recibió el Premio Nobel.
La doctora Martínez volvió del consultorio.

NOTA: Con títulos se omite el artículo al hablar directamente a la persona:
"Aquí tiene usted la cuenta, Sr. Pérez."

j. *El* lunes voy a Santa Bárbara.
(con los días de la semana, excepto después del verbo *ser*: Hoy es miércoles.)

k. *el* Ebro, *el* lago Titicaca, *el* volcán Santa Helena, *el* Guadalquivir, *el* Golfo Pérsico
(ríos, mares y otros nombres geográficos)

l. *la* Pinta, *la* Niña y *la* Santa María, *el* Titanic, *el* Nautilus, *el* Sebastián Elcano
(los nombres de barcos, carabelas y naves)

m. Los diplomáticos usan *el* francés y *el* inglés en la O.N.U. (Organización de
Naciones Unidas).
(nombres de idiomas, excepto después del verbo *hablar* y de las preposiciones *de* y *en*)

n. *el* ama   *el* alma   *el* alba   *el* hambre   *el* hacha
el agua   *el* aula   *el* águila   *el* ave
(Se usa el artículo *el* con los sustantivos femeninos para evitar la cacofonía en palabras
que empiezan con *a* o *ha* acentuadas. En el plural se emplea *las*: *las* amas, *las* aguas.)

ñ. *El sí de las niñas*, "*el* saber no ocupa lugar," para *el* bien de todos
(cuando los adverbios e infinitivos se usan como sustantivos)

o. Voy *al* parque.   Vengo *del* cine.
Veo *al* niño.   Háblame *del* nuevo obispo.
(contracción del artículo con las preposiciones *a* y *de*: a + el = *al*; de + el = *del*)

Excepciones:
La república de *El* Salvador
La cita es de *El árbol de la ciencia*, novela de Pío Baroja.
(No hay contracción si el artículo es parte de un título o es nombre propio de un lugar.)

4. El artículo neutro *lo*, acompañado de un adjetivo, forma un sustantivo de carácter
general o abstracto:

Lo bueno es mejor que *lo* malo.
Lo normal es trabajar de día.

Si va precedido de *a*, es igual a "la manera de".

vivir a *lo* grande
comer a *lo* bestia
jugar a *lo* bruto
hacer los deberes a *lo* loco

Ejercicios de comprobación .... ● ....

A. Escribir el artículo definido apropiado o la contracción.

1. _____ fruta de California se vende en todos _____ supermercados del país.

2. _____ mosquitos son más irritantes que las moscas.

3. Todos _____ miércoles por la tarde tenemos clase.

4. Me duele _____ estómago.

5. _____ salud es esencial.

6. Se puso _____ botas antes de salir.

7. _____ Salvador está en América Central.

8. _____ hambre es un problema mundial.

9. Vamos a _____ teatro esta tarde.

10. _____ difícil es aprender todas _____ reglas de gramática.

B. El artículo indefinido

Ejemplos

Él compra *un* libro.
Un adolescente tiene que tomar muchas decisiones importantes.
Hay *una* manifestación estudiantil en la universidad.
Yo como *una* naranja y tú comes *unas* uvas.
Hay *unas* flores amarillas en el jardín.

Explicación

Al contrario del inglés, en español el artículo indefinido se omite delante de sustantivos que expresan nacionalidad, profesión, religión o afinidades políticas:

¿José Luis es demócrata, republicano o independiente?
Mi padre es ingeniero.
El nuevo presidente es católico.
Su profesora es dominicana, simpática y dinámica.

Sin embargo, se emplea cuando el sustantivo está modificado:

José Luis es *un* representante demócrata.
Mi padre es *un* ingeniero famoso.
El nuevo presidente es *un* católico practicante.
Su profesora es *una* dominicana muy simpática.

No se emplea delante de las palabras *cien, mil, semejante, cierto* u *otro:*

Yo tengo ese libro. Quiero *otro*.
Ella escribe una redacción de *cien* palabras.
Cierto día lo sabremos.

Si el sustantivo empieza con *a* o *ha* acentuadas, se usa el artículo masculino:
(Véase pág. 104, párrafo n.)

un ama, *un* ave, *un* hacha, *un* hambre, *un* águila

✓ Ejercicio de comprobación ....

Escribir el artículo indefinido.

En el solárium de nuestra casa, hay (1.) _____ lámpara verde, (2.) _____ alfombra, (3.) _____ ventilador en el techo, (4.) _____ sillón a cuadros, (5.) _____ sofá con flores blancas, (6.) _____ maceta de orquídeas, (7.) _____ mesa de cristal, (8.) _____ altavoz y (9.) _____ puerta con acceso a (10.) _____ terraza. Hay también (11.) _____ calentador eléctrico pequeño, (12.) _____ planta trepadora, (13.) _____ florero de cerámica y (14.) _____ estantería de roble. Del solárium se puede disfrutar de (15.) _____ bellísima vista de (16.) _____ campo de golf. Es el solárium típico de (17.) _____ casa en (18.) _____ estado del sureste de los Estados Unidos.

• • • • • •

III. El plural de los sustantivos ▨▨▨▨▨▨▨▨▨▨▨▨▨▨▨▨▨▨

Ejemplos

Hay tres *bibliotecas* públicas en esta ciudad.
Los *edificios* son muy altos.
Los *jardines* tienen rosaleras.
Las *leyes* son para respetarlas.
Esa sortija tiene muchos *rubíes*.

Los *reyes* de España serán Felipe y Leticia.
Los *pies* de las *bailarinas* son flexibles.
Los *lápices* se venden en la papelería.
Los *sofás* son muy cómodos.

Ejercicio de reflexión ....

Escribir el plural.

1. el matiz   _____
2. la manzana   _____
3. el volcán   _____
4. una pared   _____
5. el corral   _____
6. la canción   _____
7. un hotel   _____
8. la tesis   _____
9. el agua   _____
10. el sacapuntas   _____
11. el buey   _____
12. un automóvil   _____
13. el martes   _____
14. el abedul   _____
15. el irlandés   _____
16. el astronauta   _____
17. el lápiz   _____
18. un planeta   _____
19. el helicóptero   _____
20. la mamá   _____

Formación

El plural de los sustantivos que terminan en vocal se forma añadiendo una -s:

mano	→ manos		dedo	→ dedos
brazo	→ brazos		rodilla	→ rodillas
cabeza	→ cabezas		diente	→ dientes
pierna	→ piernas		músculo	→ músculos

El plural de los sustantivos que terminan en consonante se forma añadiendo -es:

dios	→ dioses	limón	→ limones	nogal	→ nogales
sol	→ soles	fresón	→ fresones	frijol	→ frijoles
metal	→ metales	melocotón	→ melocotones	melón	→ melones
laurel	→ laureles	camión	→ camiones	albañil	→ albañiles

El plural de los sustantivos que terminan en *vocal acentuada* o en *-y* se forma añadiendo *-es*:

tabú	→ tabúes	buey	→ bueyes
ley	→ leyes	coquí	→ coquíes
rubí	→ rubíes	colibrí	→ colibríes
hindú	→ hindúes		

Excepciones:

mamá	→ mamás	café	→ cafés
papá	→ papás	pie	→ pies
sofá	→ sofás		

El plural de los sustantivos que terminan en -*z* se forma cambiando la *z* a *c* y añadiendo -*es*:

luz   → luces   cruz → cruces
lápiz   → lápices   nuez → nueces
avestruz → avestruces   pez → peces

El plural de dos sustantivos de diferente género se expresa en el masculino plural:

el joven y la joven   = los jóvenes
los chicos y las chicas = los chicos
el rey y la reina   = los reyes
el gato y la gata   = los gatos

En el plural de los sustantivos que terminan en -*es* o -*is* sólo se cambia el artículo:

el lunes   → los lunes
el paréntesis → los paréntesis
la crisis   → las crisis

El plural de los sustantivos que terminan en -*és* (*e* con acento) pierde el acento y se añade -*es*:

el marqués → los marqueses
el danés   → los daneses
el inglés   → los ingleses
el japonés → los japoneses

Los sustantivos formados de palabras compuestas sólo cambian el artículo en el plural:

el paraguas   → los paraguas
el abrelatas   → los abrelatas
el portaavión   → los portaaviones
el parabrisas   → los parabrisas
el rascacielos   → los rascacielos

✓ Ejercicios de comprobación ....

A. Escribir el plural de los sustantivos.

1. (rey) Los _____ viven en el palacio.

2. (sofá) Estos _____ son de estilo contemporáneo.

3. (miércoles) Los _____ nadamos en la piscina.

4. (dedo) Tenemos cinco _____ en cada mano.

5. (pie) Los dedos de los _____ son diez.

6. (rascacielos) Los _____ son muy altos.

7. (portal) Los _____ de la finca son antiquísimos.

8. (balcón) Los _____ están llenos de flores.

9. (colibrí) En la jungla tropical hay muchos _____ .

10. (juez) Los _____ pronuncian las sentencias.

11. (él y ella) _____ bailan el merengue en las fiestas.

12. (bambú) Los _____ son la comida favorita de los osos panda.

13. (papel) Los _____ se queman en la chimenea.

14. (bailarín) Los _____ saltan a gran altura.

15. (melocotón) Los _____ abundan en el verano.

B. Antes de emprender un viaje de un mes, con destinación a la Patagonia, ¿qué artículos de ropa y otras necesidades se deben empacar?

1. _____

2. _____

3. _____

4. _____

5. _____

6. _____

7. _____

8. _____

9. _____

10. _____

• • • • • •

IV. Repaso

Ejercicios de repaso

A. Escribir el artículo definido o indefinido, o la contracción si es necesario.

1. Él es _____ político muy astuto.

2. Vamos a hacer _____ ejercicios de _____ libro.

3. _____ García viven en las afueras de _____ ciudad.

4. ¿_____ árabe es _____ idioma muy difícil?

5. _____ estudiante más inteligente de la clase lee todos _____ artículos.

6. _____ doctor González es _____ cirujano muy conocido.

7. ¿Es _____ hora de _____ almuerzo?

8. Lima es _____ capital de _____ Perú.

9. _____ clima de California es muy agradable.

10. La esposa de _____ señor Durán toca _____ piano.

11. Queremos hacer _____ viaje a _____ Ecuador.

12. _____ agua en la mayoría de las ciudades es potable.

13. _____ primavera es _____ estación lluviosa.

14. Debemos estudiar _____ chino porque es un idioma de gran importancia.

15. El campesino cortó _____ árbol con _____ hacha.

B. Escribir, si es necesario, la forma apropiada del artículo definido o indefinido, o la contracción.

1. Me lo dijo _____ cierta persona.

2. Siempre le contestan en _____ inglés.

3. Valen sesenta pesetas _____ docena.

4. _____ Habana es _____ capital de _____ Cuba.

5. Antes de comer se lavan _____ manos.

6. Fueron a esquiar a _____ Pirineos.

7. —¡Hola, _____ Sra. Morelos! ¿Cómo está usted?

8. En aquel pueblo viven más de _____ mil habitantes.

9. Buscamos _____ otro diccionario más completo.

10. Julia salió sin ponerse _____ abrigo.

C. Escribir, si es necesario, la forma del artículo definido o indefinido, o la contracción.

a. Siempre que estamos de vacaciones en (1.)_____ Andes, mis amigos y yo escalamos (2.)_____ montañas más altas. Desde allí, podemos admirar (3.)_____ panorama de (4.)_____ paisaje andino. A (5.)_____ oeste se ve (6.)_____ océano Pacífico mientras que a (7.)_____ este hay (8.)_____ montes impresionantes cubiertos de nieve. A lo lejos también se puede ver Lima, (9.)_____ capital de (10.)_____ Perú.

b. Al entrar en (1.)_____ clínica Santa Rosa (2.)_____ lunes pasado, descubrí (3.)_____ actividad rutinaria de (4.)_____ servicios médicos de (5.)_____ famoso y respetado hospital en (6.)_____ interior de (7.)_____ país. Noté (8.)_____ profesionalismo de (9.)_____ empleados, enfermeros y médicos quienes cumplen (10.)_____ labor humana muy importante.

c. En (1.)_____ isla de Puerto Rico, (2.)_____ de las más bellas de (3.)_____ mar Caribe, se puede disfrutar de (4.)_____ agradable clima y de (5.)_____ diferentes variedades de plantas y animales nativos de (6.)_____ región tropical. (7.)_____ de las especies de ranas, cuyo nombre refleja onomatopéyicamente (8.)_____ sonido que hace, es (9.)_____ coquí. (10.)_____ coquíes ofrecen (11.)_____ acompañamiento musical al ambiente isleño.

D. Terminar la oración de manera original usando la forma del artículo definido o indefinido.

1. Cuando voy a jugar al tenis, siempre llevo _____

   _____

2. En el circo, los espectadores disfrutan de _____

   _____

3. En mi clase de español, hablamos de _____

   _____

4. Cuando tienes una entrevista importante, debes ponerte _____

   _____

5. Si tienes que limpiar tu habitación, necesitas _____

   _____

E. Escribir el verbo en el tiempo apropiado.

1. Era posible que todos (venir) _____ a la vez.

2. Se lo explicaré a él en cuanto lo (ver) _____.

3. Ud. tiene un carro híbrido que no (afectar) _____ tanto al medio ambiente.

4. No había nadie que (ser) _____ tan fuerte como Alberto.

5. Siento mucho que él (enfermarse) _____.

6. No me sorprendió que ella (dejar) _____ su puesto.

7. Lo haremos nosotros, así que (descansar) _____ Ud. un poco.

8. Dudábamos que Uds. lo (haber) _____ sabido.

9. Sería preciso que todos (asistir) _____ a la reunión.

10. Cualquier libro que tú (escoger) _____, te gustará.

11. ¿Prefieres (anular) _____ la reunión?

12. Estoy seguro que yo te lo (poder) _____ dar mañana.

13. Ojalá que lo (haber) _____ hecho Enrique.

14. Queríamos un hotel que no (costar) _____ demasiado.

15. Me dijo que lo haría tan pronto como él (poder) _____.

F. Cláusulas de *si*. Escribir el verbo en el tiempo apropiado.

1. Si les (interesar) _____ la idea, nos lo dirían.

2. Si él (ser) _____ generoso, me daría más dinero.

3. Te hablarían si tú (saber) _____ hablar ruso.

4. Si ellos (ir) _____ a las montañas, descansarán.

5. Si me lo hubieran dicho antes, yo les (haber) _____ ayudado.

6. Haríamos un viaje a Europa si (tener) _____ tiempo y dinero.

7. Si tu amigo (robar) _____ algo de una tienda, ¿qué harías tú?

8. Si yo (reencarnarse) _____, me gustaría ser un ave.

9. Si Ud. se (haber) _____ arreglado más temprano, nosotros habríamos salido antes.

10. Si nosotros (vivir) _____ en la China, aprenderíamos el chino.

Actividades de comunicación creativa

A. Comunicación informal

1. Escribir una lista de lo que se puede ver en tu cuadro (pintura) favorito como preparación para una charla en tu clase de arte.

2. Escribir un mini mensaje en el celular a un amigo o una amiga para alertarlo/la sobre las grandes ofertas de la liquidación de fin de año en un centro comercial. Mencionar las gangas que no debe perderse.

B. Temas para una composición

Escribir una composición de unas 15 a 20 oraciones sobre uno de los siguientes temas.

1. La casa ecológica de mis sueños. Cuando sea mayor, espero vivir en una casa que…

2. Si pudiera, me gustaría organizar una cena especial con cinco invitados famosos (héroes, actores, políticos, atletas, etc.). ¿Quiénes serían esas cinco personas? ¿Por qué las habría invitado?

Los pronombres complementos, reflexivos y tónicos

I. Los pronombres complementos

Ejemplos

—¿Escuchan Uds. lo que dice el
   meteorólogo?
—Sí, *lo* escuchamos.

—¿Me conoce Ud?
—Sí, yo *lo* conozco.

—¿Ha corregido Ud. sus errores?
—No, no *los* he corregido.

—¿Os gustaría ver esta película?
—Sí, nos gustaría ver*la.*

—¿Sabe ella que Arturo está enfermo?
—Sí, *lo* sabe.

—¿*Los* has visto en el metro?
—Sí, *los* he visto.

—¿Ha analizado Ud. ese poema?
—Sí, *lo* he analizado.

—¿Han depositado Uds. el dinero?
—Sí, *lo* hemos depositado.

—¿*Les* satisface a Uds. su trabajo?
—Sí, *nos* satisface.

—¿Cuántos discos CD *les* ha prestado Ud.
   a sus amigos?
—*Les* he prestado muchos.

—¿*Me* ha dejado ella su número de
   teléfono?
—No, ella no *te lo* ha dejado.

—¿Has enviado ya los formularios a
   Natalia?
—Sí, ya *se los* he enviado.

—¿Va a dar*le* él la llave a Ud.?
—Sí, él *me la* va a dar. *o*
—Sí, él va a dár*mela.*

—¿Estás leyendo el periódico?
—Sí, *lo* estoy leyendo. *o*
—Sí, estoy leyéndo*lo.*

Tu abuelo no tiene sellos para las cartas. Cómpra*selos.*

Si tienes que hacer alguna pregunta,ház*sela* a él, pero no *me la* hagas a mí.

Ejercicio de reflexión

Escribir la oración reemplazando las palabras indicadas con los pronombres complementos.

1. Siempre buscamos *buenos ejemplos*.

   _____

2. Nos entregaron *los resultados del sondeo*.

   _____

3. Regalaremos *los bombones a mi madre*.

   _____

4. Por favor, manda *una tarjeta a tu abuela*.

   _____

5. ¿Conociste a *Silvia* en el baile?

   _____

6. ¡Pilar, ofrece *unos refrescos a los invitados*!

   _____

7. Tendrán que resolver *el problema* antes de mañana.

   _____

8. El pasajero contó *muchos chistes al chófer del taxi*.

   _____

9. Yo ya había rechazado *la oferta*.

   _____

10. ¿Vais a aprender *los poemas* de memoria?

    _____

Explicación

Complementos directos		Complementos indirectos	
me	nos	me	nos
te	os	te	os
lo	los	le	les
(le)*	(les)*		
la	las		
lo (neutro)			

Le y les se usan en algunas regiones de España para referirse a personas.

Usos

1. El complemento directo recibe directamente la acción del verbo. Puede ser objeto o persona. El complemento directo contesta la pregunta: *¿Qué?* o *¿A quién?*

   Ella lava *la ropa*.   ¿Qué lava?
   Él invita *a sus amigos*.   ¿A quién invita?

   El pronombre complemento directo sustituye al sustantivo.

   Ella *la* lava. (la ropa)   Él *los* invita. (los amigos)
   Yo *lo* dono. (el dinero)   *Las* vemos. (las flores)

2. El complemento indirecto es aquél en el que recae la acción del verbo y contesta la pregunta: *¿A quién?*

   Yo doy el dinero *a Juan*.   ¿A quién? A Juan.

   El pronombre complemento indirecto sustituye al nombre. Para evitar ambigüedad se repite el nombre acompañado de la preposición *a*.

   A Enrique *le* gustan los deportes.   ¿A quién le gustan los deportes? A Enrique.

   (Véase pág. 207 para otros verbos como *gustar* que se usan con complementos indirectos.)

3. Los pronombres complementos se colocan delante del verbo conjugado.

   Él hace *el trabajo*.   Él *lo* hace.
   Nosotros escribimos *las cartas*.   Nosotros *las* escribimos.

   Los pronombres complementos pueden ir después del infinitivo o del gerundio formando una sola palabra, o delante del verbo que se conjuga.

   Tengo que hacer*lo*.   *Lo* tengo que hacer.
   Estamos escribi**é**ndo*las*.   *Las* estamos escrib**i**endo.

   Siempre van después del mandato afirmativo formando una sola palabra.

   ¡Díga*me* la verdad!   ¡Díga*mela*!

   Sin embargo, siempre van delante del verbo en el mandato negativo.

   ¡No *me* traigas *el periódico*!   ¡No *me lo* traigas!

4. Cuando hay dos pronombres complementos (directo e indirecto), el complemento indirecto siempre precede al complemento directo.

   Él *me* presta *el coche*.   Él *me lo* presta.

   Cuando hay dos pronombres complementos en tercera persona (*le, les, lo, la, los, las*) el complemento indirecto cambia a *se*.

   Nosotros le decimos *la verdad* al juez.   Nosotros *se la* decimos.
   Ellos *les* compran *helados* a los niños.   Ellos *se los* compran.
   El director *les* distribuye *los diplomas* a los estudiantes.   El director *se los* distribuye.
   Le vendí *el automóvil* a Juan.   *Se lo* vendí.

5. El pronombre neutro *lo* se refiere a una idea o concepto y puede sustituir a un adjetivo, una preposición o una cláusula subordinada.

Él es un buen atleta.	Él *lo* es.
Ella es una buena actriz.	Ella *lo* es.
—¿Estamos listos?	—Sí, *lo* estamos.
—¿Es Ud. guatemalteca?	—Sí, *lo* soy.
—¿Sabe él que vamos de veraneo?	—Sí, *lo* sabe.
—¿Está la niña en la sala?	—Sí, *lo* está.
—¿Está la silla contra la pared?	—Sí, *lo* está.
Su marido está riéndose, pero ella no *lo* ve.	

✓ Ejercicios de comprobación ....

A. Reemplazar las palabras indicadas por los pronombres complementos.

1. Ella da *dinero* a *las organizaciones caritativas humanitarias*.

   Ella _____ da.

2. Mi padre conoció *a mi madre* en la universidad.

   Mi padre _____ _____ conoció en la universidad.

3. La anfitriona está sirviendo *una sopa de mariscos a los invitados*.

   La anfitriona _____ está sirviendo.

4. ¡No *me* cuentes *los chismes*!

   ¡No _____ cuentes!

5. Ella dijo *la verdad a su novio*.

   Ella _____ dijo.

6. Él es *un buen actor*.

   Él _____ es.

7. Nosotros terminaremos *los proyectos* mañana.

   Nosotros _____ terminaremos mañana.

8. Ellos tienen que redactar *las cartas*.

   Ellos tienen que redactar _____.

9. Ud. compró *muchos juguetes a los niños*.

   Ud. _____ compró.

10. —¿Son ellas *buenas estudiantes*?

    —Sí, ellas _____ son.

B. Reemplazar las palabras indicadas por los pronombres complementos, cambiando los mandatos a la forma negativa.

1. Trae *los platos de la cocina*.

   No _____.

2. Pongamos *los cartuchos* sobre el mostrador.

   No _____.

3. Envía *a tus abuelos tarjetas postales*.

   No _____.

4. Preparen *las maletas para Miguel*.

   No _____.

5. Quita *las pulgas al perro*.

   No _____.

6. Enciende *la luz*.

   No _____.

7. Compre *las flores* a cinco euros la docena.

   No _____.

8. Pintemos *la vista de las montañas*.

   No _____.

9. *Levantáos* a las seis y media.

   No _____.

10. Preparen *los regalos para los familiares*.

    No _____.

• • • • • •

II. Los pronombres reflexivos

Ejemplos

Yo *me cepillo* los dientes tres veces al día.
Nosotros vamos a *divertirnos* en Mallorca.
Elena está *lavándose* las manos.
Elena *se* está *lavando* las manos.
Siéntate y no *te levantes* de la silla.
Yo *me miro* en el espejo cuando *me peino*.

Ejercicio de reflexión

Escribir el pronombre reflexivo apropiado.

1. Yo _____ levanto todos los días a las siete.

2. Tú y yo _____ respetamos.

3. Ellos van a sentar _____ en aquellos asientos.

   Ellos _____ van a sentar en aquellos asientos.

4. ¿Estáis vosotros lavándo _____ ahora?

   ¿_____ estáis lavando vosotros ahora?

5. Levánta_____, por favor, y cierra la ventana.

Explicación

Pronombres reflexivos	
me	nos
te	os
se	se

NOTA: Los pronombres reflexivos se colocan igual que los pronombres complementos directos e indirectos. (Véanse págs. 114–116.)

Usos

1. Los pronombres reflexivos se emplean en la conjugación de los verbos reflexivos. Los verbos son reflexivos cuando la acción recae sobre el mismo sujeto que la ejecuta: dormirse, sentarse, acostarse, levantarse, bañarse, etc.

2. El pronombre reflexivo se emplea para expresar una acción recíproca en la cual la acción es mutua.

   Ellos *se abrazan.* (una persona a otra)   Nosotros *nos miramos.*
   Los dos *se besan.*   Tú y yo *nos tuteamos.*
   Ellos *se saludan.*   Vosotros *os respetáis.*

 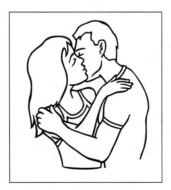 

3. Los pronombres reflexivos se utilizan como objeto indirecto.

   Ella *se* lavó el pelo.   Ella *se lo* lavó.

4. El pronombre reflexivo *se* se emplea para formar la voz pasiva cuando se ignora o no interesa el agente. (Véase págs. 9 – 20, 46.)

> *Se* habla español.
> *Se* sirven tortillas de maíz.

5. El pronombre reflexivo *se* también puede sustituir al sujeto indefinido: *uno* o *una*.

> *Uno* no puede entrar sin billete.   No *se* puede entrar sin billete.
> *Uno* no puede vivir así.   No *se* puede vivir así.

6. A veces el verbo reflexivo va acompañado por el pronombre *se* y por el complemento indirecto para indicar una situación inesperada.

> Se acabó la gasolina. (a mí)   El reloj se paró. (a ella)
> Se *me* acabó la gasolina.   Se *le* paró el reloj.
>
> Los libros se cayeron. (a ti)   Se perdieron las maletas. (a ellos)
> Se *te* cayeron los libros.   Se *les* perdieron las maletas.
>
> Se rompió el florero. (a Uds.)   Se murió el perico. (a mí)
> Se *les* rompió el florero.   Se *me* murió el perico.

En estos casos el reflexivo precede al pronombre complemento indirecto.

7. El reflexivo se emplea con los verbos que normalmente no son reflexivos, para indicar una participación intensa del sujeto.

> Bebió un vaso de agua fresca.   Comí un pedazo de pastel.
> *Se* bebió un vaso de agua fresca.   *Me* comí un pedazo de pastel.

 Ejercicios de comprobación ....

A. Escribir el pronombre reflexivo apropiado.

Todas las mañanas yo (1.) _____ despierto cuando suena el

despertador. No (2.) _____ levanto inmediatamente porque tengo

mucha pereza. Después de unos diez minutos, (3.) _____ tiro de la

cama y voy al baño para duchar (4.)_____ y afeitar

(5.) _____ . Mis hermanos (6.) _____ levantan

más temprano que yo porque tienen que tomar el autobús a las siete y media. Cuando yo

entro a la cocina mis padres ya están allí; (7.) _____ besamos y yo

(8.)_____ siento a tomar el desayuno. Después de desayunar, busco

mis libros y (9.) _____ voy al colegio. Al llegar al colegio, mis

compañeros y yo (10.) _____ saludamos amistosamente.

B. Terminar las oraciones de forma original usando verbos reflexivos en diferentes tiempos verbales.

1. La noche antes de competir en un deporte, yo _____

_____

2. Mañana, mi amiga y yo iremos a un baile y nosotras _____

_____

3. Antes de irse al trabajo, mi madre _____

_____

4. Ayer, antes de las nueve de la mañana, tú _____

_____

C. Explicar el uso de *se* en las siguientes oraciones.

1. *Se* despidieron en el andén de la estación. _____

_____

2. *Se* te cayó la bebida. ¡Qué pena! _____

_____

3. No *se* permite fumar en esta oficina. _____

_____

4. *Se* observaron sigilosamente. _____

_____

5. Fue en el servicio militar donde *se* vieron por última vez. _____

_____

6. *Se* hablan castellano y catalán en Barcelona. _____

_____

7. El jugador tenía tanta sed que *se* bebió un litro de agua entero. _____

_____

8. *Se* los vendí a un buen precio. _____

_____

9. *Se* me olvidó su nombre. _____

_____

10. Tendrá que vestir*se* de prisa si quiere llegar a tiempo a la estación. ___

_____

• • • • • •

III. Los pronombres tónicos (después de una preposición)

Ejemplos

Este regalo es para *ti*.

Esto me sucedió a *mí*.

Ella lleva siempre sus libros *consigo*.

Yo quiero hablar *contigo*.

—¿Está Papá en el garaje? —No, acaba de salir de *él*.

Los amigos de Ileana colaboraron en secreto, pero ella nunca se enteró de *ello*.

Ella bailó *conmigo*.

Quiero ir con *Ud*.

Ella siempre habla de *sí* misma.

Ejercicio de reflexión

Escribir la oración reemplazando las palabras indicadas con los pronombres tónicos.

1. Todos van sin *Carlos*.

   _____

2. Las dos irán con *Tomás* y *Daniel*.

   _____

3. Isabel y yo estábamos allí con *Raquel* y *Javier*.

   _____

4. Pensamos ir sin *nuestras hermanas*.

   _____

5. Háblame de *tu mejor amigo*.

   _____

6. ¿Piensas mucho en *Inés*?

   _____

7. Las fotos son de *Luis*.

   _____

8. Estuvieron cerca de *la cancha de tenis*.

   _____

9. He llamado a *German, el policía*.

   _____

10. Los muebles no estaban en *el cuarto*.

    _____

Explicación

Los pronombres tónicos se colocan después de una preposición.

mí	nosotros, nosotras
ti	vosotros, vosotras
él	ellos
ella	ellas
Ud.	Uds.
ello (neutro)	

Usos

1. Los pronombres tónicos se emplean para sustituir al sustantivo después de una preposición.

    El regalo es para María.
    El regalo es para *ella*.

    Nosotros salimos juntos del edificio.
    Nosotros salimos juntos de *él*.

    Excepción: Después de la preposición *con*, las formas de la 1ª y la 2ª persona del singular y la 3ª persona singular y plural son las siguientes:

conmigo	¿No quieres ir *conmigo*?
contigo	No olvides de llevar las llaves *contigo*.
consigo	Ella trajo el equipaje *consigo*.
	Ellos llevaron los libros *consigo*.

2. Muchas veces el pronombre tónico se usa para poner más énfasis en el complemento indirecto.

    Ella me lo contó a *mí*, no a *ti*.

    Otras veces sirve para evitar la ambigüedad del objeto indirecto *se*.

    Se lo dimos a *él*.
    Se la escribe a *ellos*.

3. *Ello* es un pronombre neutro que se refiere a una idea general.

    Ella está fascinada con *ello*. (la idea de un viaje)
    Todos están hablando de *ello*. (lo que ocurrió ayer)
    Nosotros creemos en *ello*. (la idea de proteger el medioambiente)

4. En la tercera persona singular y plural es frecuente el uso del adjetivo *mismo (misma, mismos, mismas)* con el pronombre *sí*.

    Él siempre piensa en *sí mismo*.
    Ella no se viste para los demás, se viste para *sí misma*.
    Ellos están satisfechos de *sí mismos*.

Contestar la pregunta reemplazando las palabras indicadas con los pronombres tónicos.

1. ¿Te das cuenta de *lo mucho que te quiero*?

   _____

2. ¿Dejasteis el carro enfrente d*el teatro*?

   _____

3. ¿Acudieron todos los ministros a *la cumbre internacional*?

   _____

4. ¿Saliste sin *tu paraguas*?

   _____

5. ¿Volarán sobre *las pampas de la Argentina* en el próximo viaje al Cono Sur?

   _____

6. ¿Vas a colocar la nueva pintura en *esa pared*?

   _____

7. ¿Les puedes hacer un favor a *mis padres*?

   _____

8. ¿Has escrito tus ideas al pie de *esta página*?

   _____

· · · · · ·

IV. Repaso

 Ejercicios de repaso . . . .

A. Escribir la oración reemplazando las palabras indicadas por los pronombres complementos.

1. Me van a prestar *su barco de vela* este fin de semana.

   _____

2. Toca *el piano* para animar a su madre.

   _____

3. Es necesario mandar *un email a Anita*.

   _____

4. ¿Vas a ponerte *las botas* antes de salir?

   _____

5. Estaban explicándonos *sus teorías* cuando ella entró.

_____

6. No *les* repitáis vosotros *los secretos a ellos*.

_____

7. Dieron *las galletas al perro*.

_____

8. Vengo a dar *consejos a los jóvenes*.

_____

9. Vimos *a Pepe* cerrando *las puertas*.

_____

10. El ladrón atacó *al señor* en pleno día.

_____

11. ¡Marta, lee *la frase a la clase*!

_____

12. Mostró *la herida al médico*.

_____

13. Los habitantes mantendrán *las calles* limpias.

_____

14. A él le gusta darnos *un susto*.

_____

B. Escribir la oración reemplazando las palabras indicadas por el pronombre tónico.

1. Hay un recado aquí para *María*.

_____

2. Enrique entró en el recibidor después de *Julio y de mí*.

_____

3. No ha conversado nunca con *sus vecinos*.

_____

4. ¿Dejarán *la propina* al lado d*el plato*?

_____

5. Antes de hacerlo quiero consultarlo con *mi médica*.

_____

6. Los dos salieron del *hotel* a la vez.

_____

7. No pongan *las toallas mojadas* encima de los muebles.

_____

8. Traen flores para *la Sra. Torres.*

_____

9. ¿Hay algo aquí para *Carmen y Lola?*

_____

10. Entró en *el tren* sin *sus maletas.*

_____

C. Escribir un pronombre apropiado.

1. Gracias, pero no tengo tiempo para ir con _____ ahora, Pancho.

2. No me hables de Teresa. No quiero saber nada de _____.

3. _____ lo prometieron a ti.

4. Los novios _____ miraron en silencio antes de besarse.

5. La actriz _____ puso un vestido elegante.

6. No te lo hemos dicho, pero te _____ diremos más tarde.

7. ¿Por qué no _____ haces caso a tu mamá?

8. ¿_____ gusta a vosotros el clima de aquí?

9. Mi prima está muy deprimida. Vamos a animar_____.

10. No se lo hemos mencionado al profesor, pero vamos a mencionar _____.

D. Escribir la oración reemplazando las palabras indicadas por los pronombres complementos.

1. Estaban reflexionando sobre *los sucesos del día.*

_____

2. Ella no puede soportar *la inquietud* de *sus sobrinos.*

_____

3. El joven no sabe enfrentarse con *la realidad.*

_____

4. Les propusimos *la idea a nuestros colegas.*

_____

5. Ellos *les* deben *todo a sus padrinos.*

_____

6. ¡Clara, dame *tu opinión!*

_____

7. Izaron *la bandera de los Estados Unidos* en la Luna.

_____

8. No siga Ud. por *ese camino.*

_____

9. Dijeron que averiguarían *la verdad.*

_____

10. Nos echaron *la culpa* a nosotros.

_____

11. ¿Vas a leer *los cuentos a los niños?*

_____

12. No preguntes *tantas cosas a tus tíos.*

_____

13. El prisionero se escapó de *la cárcel.*

_____

14. ¿Llevarás *un abrigo* si hace fresco?

_____

15. El niño no quiere perder *a su gato.*

_____

16. Vamos a dar *una sorpresa a Papá.*

_____

17. No creáis *las palabras del charlatán.*

_____

18. No están cosechando *mucho maíz* a causa de *la sequía.*

_____

19. Por favor, explíquenos *las causas del problema.*

_____

20. No pudieron reconocer *los síntomas.*

_____

E. Escribir el pronombre complemento apropiado según el contexto.

Todo el mundo quiere lucir bien y estar en buena forma. Pensamos que perder peso

(1.) _____ puede garantizar (a nosotros) el cuerpo perfecto y la imagen

deseada. Para lograr (2.) _____ algunas personas toman pastillas, otros

siguen estrictas o extrañas dietas que están de moda o, en algunos casos extremos, acuden al

quirófano para someter (3.) _____ a cirujía. Aunque con estas medidas

logran bajar de peso, muchas veces vuelven a recuperar el peso perdido.

Los médicos (4.) _____ aseguran que no tenemos que depender de

pastillas ni dietas. Podemos perder peso sin (5.) _____. Según lo que

(6.) _____ dicen los médicos, la respuesta más adecuada al problema es

nuestra propia voluntad. Dicen además que no hay que morir (7.) _____

de hambre. Si mejoramos la alimentación, veremos grandes resultados. Además, si hacemos el

ejercicio necesario, o si (8.) _____ aumentamos, el progreso será aún más

rápido. Total que con la modificación del comportamiento, (9.) _____

puede gozar de un éxito menos inmediato pero más duradero.

Sandra D. comenta sobre por qué y cómo ha perdido peso:

«He perdido varias libras. En mi caso, era necesario que cambiara no sólo mi dieta sino también

mi forma de vida. El médico (10.) _____ explicó que si no bajaba de peso,

acabaría en el hospital con complicaciones severas. Como tengo tanta fe en

(11.) _____ (mi doctor), yo (12.) _____ hice caso.

Realmente (13.) _____ sorprendió lo fácil que era perder peso una vez

que (14.) _____ acostumbré al régimen alimenticio nuevo.

(15.) _____ (16.) _____ recomiendo a todos los que

quieran mejorar su salud y su calidad de vida.»

El médico añade:

«Antes de decidir perder peso, hágan (17.) _____ un examen médico para

evitar el riesgo de perjudicar (18.) _____. Después,

(19.) _____ deben determinar unas metas concretas.

Edúquen (20.) _____ sobre la alimentación. Finalmente, consulten a algún

nutricionista y junto con (21.) _____ formulen el plan más seguro y

eficaz.»

F. Escribir el artículo definido.

1. _____ lunes
2. _____ día
3. _____ mujer
4. _____ águila
5. _____ monje
6. Voy a _____ instalaciones de deporte.
7. la casa de _____ señores García
8. _____ actriz
9. _____ juventud
10. _____ idiomas
11. _____ acción
12. _____ mapa

13. _____ varón
14. _____ hembra
15. _____ reloj de arena
16. _____ veces
17. _____ mano fuerte
18. _____ artistas respetadas
19. _____ novelista famoso
20. _____ paradigma
21. _____ patrulla
22. _____ alma pura
23. _____ poema lírico
24. _____ nieve

G. Escribir el artículo definido o indefinido, si es necesario.

1. Tu vecino es _____ ciudadano muy responsable.
2. Jugamos al ping pong todos _____ sábados.
3. Muchos estudian _____ alemán en Chicago.
4. Queremos ver _____ Amazonas y _____ Orinoco.
5. Hay muchos coches en _____ calle hoy.
6. Nueva York es _____ ciudad muy grande.
7. —¿Quién es _____ señor López?
   —Es _____ buen diplomático chileno.
8. _____ francés es _____ lengua oficial de Francia y algunos países africanos.
9. _____ Andes están muy lejos de _____ Pirineos.
10. Estamos en _____ el consultorio de _____ ginecóloga.
11. _____ Alcaldía está cerca de _____ Ayuntamiento.
12. Hay muchos carteles en _____ paredes.
13. Son _____ dos de _____ tarde.
14. Algún día, ella va a hacer _____ viaje a España.
15. —_____ Srta. Ortiz, ¿cómo se encuentra Ud. hoy?

Actividades de comunicación creativa .... •

A. Comunicación informal

1. Escribir un mensaje electrónico al amigo/a la amiga con quien no pudiste reunirte anoche en el nuevo café del barrio. Explicar qué te pasó y pedir disculpas.

2. Hacer una lista de las posesiones (libros, DVDs, CDs, ropa, pósters, etc.) de las cuales te tendrás que deshacer porque te mudas a una habitación más pequeña. Al lado de cada cosa, escribir el nombre de la persona (hermano, amigo o familiar) a quien se la darás.

B. Temas para una composición

Escribir una composición de unas 15 a 20 oraciones sobre uno de los siguientes temas.

1. Un conflicto político o cultural que me preocupa. Describir la situación e incluir algunas ideas para mejorarla o resolverla.

2. Escribir sobre los regalos que Melchor, Gaspar y Baltazar, los Tres Reyes Magos, les trajeron a los miembros de una familia hispana el seis de enero.

3. Una conversación que alcancé a oír entre dos personas sentadas en la sala de espera del aeropuerto.

Los adjetivos y pronombres posesivos y demostrativos

I. Los adjetivos y pronombres posesivos

A. Los adjetivos posesivos

Ejemplos

Juan tiene un perro; *su* perro duerme enfrente de la chimenea.

Pedro envió tarjetas postales a *mi* tío, a *mi* tía y a *mis* primos.

María admira mucho a *sus* padres.

Bernardo habla con una prima *suya*.

Me ha escrito una tía *mía*.

Nuestras compañeras quieren pasear por las calles de San Juan.

Su padre insiste en que regresen antes de la medianoche.

Vuestros padres juegan al tenis todos los sábados.

Mi automóvil está en el garaje; necesitamos *el tuyo*.

Tu raqueta es más cara que *la mía*.

Tus llaves están en la mesa.

Ejercicio de reflexión

Escribir el adjetivo posesivo apropiado según el sujeto.

1. Yo tengo _____ computadora.

   Él tiene la computadora _____.

2. Tú ves a _____ amigos.

   Yo no veo a los amigos _____.

3. Ella lleva _____ bolsa.

   Nosotros llevamos las bolsas _____.

4. Vosotros escribís _____ correos electrónicos.

   Ellos escriben los correos electrónicos _____.

5. —Ana, ¿viniste en _____ bicicleta?

   —No, yo dejé la bicicleta _____ en el garaje.

....

Explicación

Un poseedor	Forma átona (corta)	Forma tónica (larga)
yo	mi, mis	mío, mía, míos, mías
tú	tu, tus	tuyo, tuya, tuyos, tuyas
él ella Ud.	su, sus	suyo, suya, suyos, suyas

Varios poseedores	Forma átona (corta)	Forma tónica (larga)
nosotros	nuestro, nuestra nuestros, nuestras	nuestro, nuestra nuestros, nuestras
vosotros	vuestro, vuestra vuestros, vuestras	vuestro, vuestra vuestros, vuestras
ellos ellas Uds.	su, sus	suyo, suya, suyos, suyas

El adjetivo posesivo siempre concuerda en género y número con el objeto poseído; **jamás** concuerda con el poseedor.

Mi piso está en la avenida de la Castellana.
Mi cuarto está bien alumbrado.
Tu gato es grande.
Tus estudiantes están esperándote.
La nariz *suya* (la de ella) es pequeña.
Los hijos *suyos* son buenos atletas.
Nuestra cabaña es antigua.
Nuestros hijos son muy despiertos.
Uno de los coches *vuestros* es rojo y el otro es azul.
Vuestro jardín está bien cuidado.
Vuestras profesiones son lucrativas.

Usos

1. Forma átona (corta):

   a. Los adjetivos posesivos van delante del sustantivo.

   Yo tengo *mis* billetes para el viaje.

b. Se emplea el artículo definido en vez del adjetivo posesivo con el vocabulario del cuerpo o de la ropa.

Me duele *la* cabeza.   Rafael se pone *el* sombrero.
Ellos se lavan *las* manos frecuentemente.   Ella compra *los* vestidos de un catálogo.

c. En español se emplea el adjetivo posesivo menos que en inglés.

Mi padre está en *la* oficina. (no en <u>su</u> oficina)
Mi hijo está estudiando en *la* universidad (no en <u>su</u> universidad)

NOTA: Se usa *Su* al hablar con, o al mencionar a, personas de la jerarquía diplomática, religiosa, monárquica, etc.

Su Reverencia   Sus Altezas Reales las Infantas Elena y Cristina
Su Eminencia el Cardenal   Su Excelencia el Embajador de Chile
Su Majestad el Rey de España   Su Santidad el Papa

2. Forma tónica:

a. Los adjetivos posesivos de forma tónica siguen al sustantivo. El sustantivo va precedido por un artículo o una palabra determinativa.

Un primo *tuyo* vive en Miraflores.
Aquella tía *mía* estaba jubilada.
El tío *nuestro* tiene una casa en la sierra.
Ese amigo *vuestro* me cae mal. (No me gusta.)

b. La posesión también se puede expresar con la preposición *de* + un sustantivo o pronombre personal. La posesión con *de* se usa para evitar la ambigüedad que puede existir en la tercera persona.

El primo *suyo* estudia idiomas. (posibilidades: *de él, de ella, de Ud.,*
de ellos, de ellas, de Uds.)

Aquel perro *de Juan* duerme enfrente de la chimenea.
El libro *de María* está sobre la mesa.
El hijo *del mecánico* arregló la bicicleta.
El hijo *de él* estudia idiomas.

c. La forma tónica del adjetivo se usa en las exclamaciones:

¡Dios mío!   ¡Madre mía!
¡Hijo mío!   ¡Amor mío!

B. Los pronombres posesivos

Ejemplos

—No tengo mi tarjeta de crédito. ¿Usamos *la tuya*?   —Toma *la mía.*
—Mis notas son excelentes. ¿Cómo son *las tuyas*?   —*Las mías* son mediocres.
—Mi perro es manso. ¿Cómo es *el tuyo*?   —*El mío* es cariñoso.

Escribir el pronombre posesivo apropiado.

1. ¿Podemos usar tu cortacésped? _____ no funciona. (de nosotros)

2. Sus abuelos viven en Torreón. _____ viven allí también, ¿no? (de ti)

3. Mi toalla es blanca; _____ es verde. (de Uds.)

4. Mi amiga me llamó. _____ no ha hablado. (de Ud.)

5. ¿Cuál es tu número de teléfono? _____ es el 222-58-96. (de mí)

6. Nuestros coches están sucios, pero _____ están muy limpios. (de vosotros)

7. Fuimos a casa ayer. ¿Fueron Uds. a _____. (de Uds.)

8. Él tiene grandes problemas. _____ son de menos importancia. (de mí)

....

Explicación

Un poseedor	Persona o cosa poseída	Personas o cosas poseídas
yo	el mío, la mía	los míos, las mías
tú	el tuyo, la tuya	los tuyos, las tuyas
él ella } Ud.	el suyo, la suya	los suyos, las suyas
Varios poseedores	**Persona o cosa poseída**	**Personas o cosas poseídas**
nosotros	el nuestro, la nuestra	los nuestros, las nuestras
vosotros	el vuestro, la vuestra	los vuestros, las vuestras
ellos ellas } Uds.	el suyo, la suya	los suyos, las suyas

El pronombre posesivo sustituye al sustantivo y concuerda en género y número con el objeto poseído. Por lo general, el artículo definido precede al pronombre posesivo excepto cuando sigue al verbo *ser*.

Mi coche está en el garaje; tenemos que usar *el tuyo*.
Este juguete es *mío*, no es *tuyo*.
Esta maleta no es *tuya*, es *mía*.
Mis hermanas juegan al tenis; *las suyas* (las de ellos) juegan al baloncesto.
A tu perro le gustan los huesos; *al mío* también.
La biblioteca de tu colegio es moderna; la *del mío* es muy antigua.

NOTA: Fíjese en la contracción de las preposiciones *a* y *de* con el artículo *el*. (Véase pág. 104, párrafo O.)

✓ Ejercicios de comprobación ....

Escribir el adjetivo o el pronombre posesivo apropiado.

1. Su trabajo es más fácil que _____. (de nosotros)

2. No quiero tu periódico; quiero _____. (de mí)

3. No vamos a su casa; vamos a _____ casa. (de ti)

4. ¿Qué peine quieres, _____ (de ella) o _____? (de mí)

5. La profesión de tu madre es interesante; la de _____ (mi madre) es divertida.

6. A tu hermano le gusta el helado de coco, a _____ (mi hermano) no.

7. A su hija le interesan las ciencias, a _____ (de nosotros) no.

8. Mi hermano vive en esa residencia de estudiantes; _____ (de mis vecinos) vive allí también.

9. Vuestra huerta está bien cuidada; _____ (de nosotros) tiene muchas malas hierbas.

10. Mi regalo para el cumpleaños de Papá es caro; _____ (de mi hermana) es más barato.

11. Le gustó tu carta, pero no le gustó _____. (de nosotros)

12. Mis hermanas son gemelas, pero _____ (de ti) no.

13. ¿Quién es _____ abuelo? (de ti)

14. ¿Quiénes son _____ amigos? (de él)

15. _____ vecinos son muy talentosos. (de nosotros)

● ● ● ● ● ●

II. Los adjetivos y pronombres demostrativos ✕✕✕✕✕✕✕✕✕

Ejemplos

La persona en *esta* fotografía es mi bisabuelo.

Esos zapatos que llevas son muy bonitos y muy prácticos.

Aquellos cuadros de Picasso que vimos fueron prestados por el museo de Barcelona.

No hay nada imposible en *este* mundo.

Juan, ¿cómo se llaman *esos* viajeros con quienes estabas hablando?

Aquella tienda que visitamos en Bogotá tenía de todo.

El inspector *ese* ha sido muy exigente.

El intérprete y la doctora entraron a la consulta, *ésta* va a dar el diagnóstico en inglés y *aquél* va a traducírselo en español al paciente.

Este calor de hoy es insoportable.

Eso que tú me dices es verdad.

Mi hijo acaba de informarme que va a dejar sus estudios. *Esto* me causa mucha pena.

¿Cuál de las telas eligió: *la* de lana o *la* de algodón?

Ejercicios de reflexión ....

A. Cambiar las palabras indicadas del plural al singular o del singular al plural.

1. *Este niño asiste* al jardín infantil con mi sobrino.

    _____

2. *Estas bebidas están frías.*

    _____

3. *Aquel día* el frío era insoportable.

    _____

4. *¿Cuáles son tus entradas, éstas* o *ésas?*

    _____

5. *Las entrenadoras* de natación *esas* no *tienen* nada de paciencia.

    _____

B. Escribir el demostrativo apropiado.

1. ¿Qué es _____ que tienes en la mano?

2. Esta casa y _____ que tiene mi abuelo en Quito son parecidas.

3. Vimos muchos apartamentos, pero preferimos _____ en el que vivimos ahora.

4. Cervantes y Shakespeare son autores famosos; _____ era inglés y

    _____, español.

5. Vimos dos programas de televisión anoche, pero _____, el que estamos viendo ahora, es mucho más interesante.

....

Explicación

Género / Número	Adjetivos			Pronombres		
masculino singular	este	ese	aquel	éste	ése	aquél
masculino plural	estos	esos	aquellos	éstos	ésos	aquéllos
femenino singular	esta	esa	aquella	ésta	ésa	aquélla
femenino plural	estas	esas	aquellas	éstas	ésas	aquéllas
neutro	esto	eso	aquello	esto	eso	aquello

Usos

(cerca)   (distancia mediana)   (lejos)

⟶

1. Los adjetivos demostrativos indican con precisión la ubicación y la distancia relativa, en espacio y tiempo, de una cosa o persona. Los adjetivos concuerdan en género y número con el sustantivo.

   Este pañuelo es blanco.   *Esa* mesa es de caoba.   *Aquellas* frutas son tropicales.

   Los pronombres demostrativos se emplean para sustituir al sustantivo y tienen igual forma que los adjetivos. La Real Academia de la Lengua Española respeta el uso o no del acento como decisión individual de la persona que escribe.

   Éste es de Dalí. (*el dibujo*) *Ésa* es de cristal.(*la lámpara*) *Aquél es mexicano.*(*el mural*)

2. Los pronombres demostrativos se utilizan para referirse a algo recién nombrado en una oración. El demostrativo se refiere a la distancia entre los antecedentes mencionados en la oración.

   Las abuelas, Ana y Carmela, nacieron en España y los abuelos, Gabriel y José Manuel, nacieron en Cuba; *éstos* nacieron en Cuba y *aquéllas* nacieron en España.

   Miguel vio a Eva enfrente de la parada de autobuses; *ésta* llevaba una blusa blanca y *aquél* un sombrero tejano.

3. Los pronombres neutros *esto*, *eso* y *aquello* no se refieren a un sustantivo, sino a una idea o concepto. Estos pronombres tienen la misma relación de espacio y tiempo que los otros pronombres.

   El precio de la gasolina ha subido mucho.   *Esto* nos preocupa.

   La guerra estalló a mediados de enero.   *Eso* los sorprendió.

   Los astronautas exploraron la Luna.   *Aquello* impactó la ciencia.

¿Cuáles serán las ramificaciones del efecto invernadero?   *Eso* no lo sabemos.

Suspendí el examen de historia.   ¡*Eso* es terrible!

NOTA: Los demostrativos : *esto, eso* y *aquello* nunca llevan acento.

4. Los pronombres demostrativos especiales *el, los, la, las, lo* se usan en lugar de los pronombres demostrativos mencionados anteriormente cuando preceden a *de* o *que* en cláusulas relativas.

Yo compro el periódico de la mañana; él compra *el* de la tarde.
Yo traigo los vasos de vidrio y tú traes *los* de papel.
Lo que me dijiste no me gustó.
Lo de la epidemia de dengue es peligroso.

 # Ejercicios de comprobación ....

A. Cambiar las palabras indicadas del plural al singular o del singular al plural.

1. *Los investigadores esos* no *tienen* éxitos.

   _____

2. *Esa motocicleta es* de mi colega.

   _____

3. *¿Cuáles son tus pulseras: éstas* o *ésas?*

   _____

4. *Aquéllos llegaron* ayer.

   _____

5. Prefiero *ésta;* no *aquélla.*

   _____

B. Escribir el adjetivo demostrativo apropiado.

1. _____ cuadro que vimos en el Museo del Prado el año pasado
   es fascinante.

2. _____ frutas que tengo en la bolsa son muy frescas.

3. _____ camino aquí es más recto que _____
   senda que se ve en la montaña.

4. _____ radiólogos aquí son amigos míos.

5. Isabel, dame _____ cartera que llevas debajo del brazo.

6. _____ montañas del Perú son mucho más altas que las nuestras.

7. _____ esquiadores que están contigo son buenos atletas.

8. _____ autobús en que estamos viajando es muy cómodo.

9. _____ tarde del funeral fue una tarde triste.

10. _____ noche voy al baile.

C. Escribir el pronombre demostrativo apropiado. Emplear los demostrativos especiales si son necesarios.

1. Este avión es grande, pero _____ que está volando sobre el aeropuerto es más grande todavía.

2. Hay muchas fábricas en Santa Clara, pero _____ en la que trabajamos está a las afueras de la ciudad.

3. Muchas leyes de antes no eran muy comprensibles, pero _____ que tenemos ahora sí lo son.

4. Este anillo que llevo es de oro, pero _____ que llevas tú es de plata.

5. Pablo, no se permite salir por esa puerta sino por _____ de aquí.

6. Apaga la luz de ese cuarto, no la luz de _____ aquí.

7. En el campeonato de fútbol entre los argentinos y los uruguayos, éstos vencieron a _____ .

8. Mi corbata es más bonita que _____ en el mostrador.

9. Julia y Arturo son estudiosos; _____ no es tan inteligente como aquélla.

10. _____ ejercicio no me gusta, pero el de ayer sí.

D. Escribir el adjetivo o pronombre posesivo que corresponda.

1. Ponga Ud. aquí _____ firma.

2. Eres muy descuidado; ¿dónde pusiste _____ libros?

3. Nosotros vamos a explicarle _____ planes.

4. El nuevo consejero es muy estricto. ¿Qué piensa Ud. de _____ ideas?

5. No puedo llevarlo porque no tengo _____ automóvil.

6. Yo siempre traigo _____ lápices.

7. Tú nunca traes _____ . (lápices de ti)

8. Ella siempre lleva _____ gafas cuando hace sol.

9. Él nunca usa _____ . (gafas de él)

10. Todos mis CDs son de música moderna; _____ (de ti) son de música clásica.

11. Aquí están mis maletas. ¿Dónde están _____ ? (las de Ud.)

12. Al profesor le gustan mucho los chistes; desafortunadamente, _____ (de él) son poco originales.

13. Su árbol favorito es el abedul; _____ (de mí) es el sauce llorón.

14. Estos son unos amigos _____ (de nosotros) a quienes conocimos hace poco.

E. Escribir los adjetivos y pronombres demostrativos que correspondan:

Lo que mencionó una guía turística durante una visita a la ciudad de Beaufort:

Al caminar hoy en día por (1.) _____ calles señoriales de Beaufort, Carolina del Sur, podemos apreciar la historia que (2.) _____ edificios podrían relatar. Aquí, vemos grandes mansiones de ladrillo o madera donde se aprecian (3.) _____ balcones, al estilo español, hechos para refrescarse en (4.) _____ calurosas noches de verano de tantos años atrás.

También podemos admirar (5.) _____ majestuosas iglesias construidas en siglos anteriores donde (6.) _____ ciudadanos que celebraban su libertad podían ofrecer refugio a (7.) _____ que no la tenían. En el centro mismo de Beaufort, podemos admirar la variedad en la arquitectura de (8.) _____ iglesias de paredes blancas y la cantidad de (9.) _____ cementerios sombríos donde los soldados de (10.) _____ época fueron finalmente enterrados. Todavía podemos descifrar en las lápidas sepulcrales los nombres de las víctimas de ambos ejércitos. Aquí, vive aún la memoria de (11.) _____ Guerra Civil que ensangrentó (12.) _____ tierras sureñas de los Estados Unidos. (13.) _____ inmensos robles, cuyas ramas protegieron a los habitantes de la ciudad y a (14.) _____ cientos de personas que huían de la persecución, son los mismos testigos mudos de una historia trágica...

III. Repaso

♲ Ejercicios de repaso

A. Contestar con la forma apropiada del pronombre complemento directo, haciendo todos los cambios necesarios.

1. ¿Viste *la película?* _____

2. ¿Quiere Laura relatar *el cuento?* _____
   _____

3. ¿Conocen ellos *a los obreros de la fábrica?* _____

4. ¿Venderías *tu patineta?* _____

5. ¿Te dieron *las llaves?* _____

6. ¿Estaban ellos leyendo *los periódicos?* _____

7. ¿*Me* comprendes bien? _____

8. ¿Vamos a tomar *un café* después de clase? _____
_____

9. ¿Han visto Uds. *las tiendas en esa calle*? _____

10. ¿Escribirá la maestra *las oraciones* en la pizarra? _____
_____

11. ¿Le dio Ud. *el regalo* a él? _____

12. ¿Has visto *las montañas de California*? _____

13. ¿Le mandaron Uds. *la invitación* a Sara? _____
_____

14. ¿Quién te regaló *esos guantes*? _____

15. ¿Estará preparando *el té*? _____

16. ¿Os pondréis *estas corbatas* de vez en cuando? _____
_____

17. ¿Les pedirás *ayuda* a tus vecinos? _____

18. ¿Les gusta a Uds. comer *pan duro*? _____

19. ¿Te han dado alguna vez *un premio*? _____
_____

20. ¿Pueden Uds. empezar *el día* sin desayunar? _____
_____

B. Completar con los pronombres complementos directos o indirectos.

1. Esa blusa me gusta; quiero comprar_____.

2. _____ veo a ella, pero no _____ veo a él.

3. Díga_____ a mí lo que pasó.

4. Jaime tiene una corbata nueva; su madre se _____ regaló.

5. ¿Por qué no están aquí Ana y Pepe? ¿No _____ invitaste?

6. Nuestra nuera llegará pronto y _____ queremos ver.

7. Allí está la catedral. ¡Visitémos_____!

8. Paco está detrás de la puerta; está escondiéndose detrás de _____.

9. No _____ des a mí el diccionario; dáselo a él.

10. Ella no _____ hablará ni a ti ni a mí.

C. Escribir el tiempo del verbo entre paréntesis según el sentido de la oración. Atención a los pronombres.

Es verdad que a mí no me (1. gustar) _____ ponerme lentes de

contacto. Mi madre no (2. entender) _____ por qué yo no

(3. querer) _____ usarlos. Ella insiste en que yo

(4. ponerse) _____ los lentes de contacto por la mañana y que

(5. quitarse) _____ los lentes de contacto por la noche. Mi madre

quiere que yo (6. ver) _____ todo a mi alrededor, pero ella no

(7. saber) _____ lo incómodo que son para mí. Además yo no

(8. tener) _____ la paciencia para limpiarlos por la noche. Ella

(9. temer) _____ que yo no (10. poder) _____

ver el pizarrón en el salón de clases. Como lo que me (11. importar) _____

a mí es que ella (12. tranquilizarse) _____, los uso.

♻ Actividades de comunicación creativa..

A. Comunicación informal

1. Hacer una lista de las ventajas y una de las desventajas de dos diferentes modelos de chaqueta campera que piensas comprar. Comparar los precios, la calidad del cuero, los diseños (los cuellos, los botones, los colores, las mangas, etc.) de los dos diferentes modelos. Escribir oraciones completas y utilizar los adjetivos y pronombres demostrativos en las oraciones.

2. Comparar dos libros de texto de español. Escribir las semejanzas y las diferencias de las explicaciones de la gramática, los temas de los diálogos, las prácticas, las ilustraciones, los temas del vocabulario, los temas de las lecturas culturales, los DVDs y CDs. Usar adjetivos y pronombres demostrativos en las oraciones.

B. Temas para una composición

Escribir una composición de unas 10 a 12 oraciones sobre uno de los siguientes temas.

1. Una visita al restaurante del último piso del edificio más alto de una ciudad. Describir la vista panorámica desde allí: rascacielos, calles, parques, transporte público, habitantes, naturaleza, cielo y todo lo que se puede observar de tal altura.

2. Un partido de béisbol entre dos equipos famosos. Describir a los jugadores, los estadios, a los entrenadores, a los espectadores, los uniformes, las estadísticas, los precios de las entradas, las comidas y las bebidas que se venden allí. Incluir cuál fue el resultado al final y qué equipo ganó.

Las palabras interrogativas y exclamativas

8

I. Las palabras interrogativas

Ejemplos

¿Cuántos hermanos tiene Ud.?

¿Por qué no va nunca al teatro tu compañero de cuarto?

¿Dónde has puesto las gafas?

¿Adónde vas?

¿Qué quiere decir esta palabra?

¿Cómo se dice *pájaro* en inglés?

¿A *quiénes* ha invitado ella a la fiesta?

¿Cuál de las jóvenes es la más guapa?

¿De *dónde* son sus padres?

¿Quién ha llamado?

 Ejercicio de reflexión ....

1. ¿——————— horas duermes?

2. ¿——————— terminarás el libro?

3. ¿——————— hora es?

4. ¿——————— están haciendo Uds.?

5. ¿——————— hace Ud.?

6. ¿En ——————— está pensando Ud.?

7. ¿Con ——————— debo firmar este documento?

8. ¿Con ——————— tienes una cita?

9. ¿——————— es la electricidad?

10. ¿——————— de las dos raquetas de tenis prefieres?

Explicación

Las palabras interrogativas sirven para hacer preguntas. Siempre llevan acento.

¿Dónde?	*¿Dónde* vives?
¿Adónde?	Después de la clase, *¿adónde* vas?
¿Cómo?	*¿Cómo* llegaste?
¿Cuánto?	—*¿Cuánto* cuesta ese libro? —Este libro cuesta cinco dólares.
¿Cuándo?	*¿Cuándo* te marchas?
¿Qué?	*¿Qué* planes tienes para el verano?
¿Por qué?	*¿Por qué* lo hiciste?
¿Para qué?	*¿Para qué* sirve el uranio?
¿Quién?	*¿Quién* vino a verte?
¿Cuál?	*¿Cuál* de las dos películas te gustó más?

Usos

1. *Qué* se emplea cuando se espera que la respuesta a la pregunta sea una definición o exprese la cualidad de una cosa.

   ¿Qué color te gusta?
   ¿Qué es la poesía? "Poesía eres tú." (Gustavo Adolfo Béquer)
   ¿Qué quieres decir?
   ¿Qué proyectos tienes?
   ¿Qué pescado me traes? (Qué clase de pescado)

2. *Cuál* y *cuáles* se emplean para distinguir una persona o una cosa de otra. Muchas veces llevan la preposición *de* o *entre*.

   ¿Cuál de ellos prefieres? (Hay varios libros.)
   ¿Cuál es el mejor cantante? (Hay varios cantantes.)
   De estos vestidos, *¿cuál* te gusta más?
   ¿Cuál es la fecha? (Hay muchas fechas posibles.)
   ¿Cuál es la capital de este estado? (Hay muchas ciudades.)
   ¿Cuál es tu dirección?

3. *Cuándo* pregunta por el tiempo en el que ocurre algo.

   ¿Cuándo volvió Ud. del viaje?
   ¿Cuándo llamará? ¡Hace tanto tiempo que lo espero!
   ¿Cuándo lo vas a hacer?

4. *Cuánto*, *cuántos*, *cuánta* y *cuántas* preguntan por una cantidad o un número. La palabra interrogativa puede ser adjetivo, adverbio o pronombre. Como adjetivo concuerda con el sustantivo. Como pronombre se refiere a personas y el sustantivo queda implícito. Como adverbio se emplea en la forma masculina singular; esta forma es invariable.

¿Cuántos años tienes?	(adjetivo)
¿Cuántas horas pasaste en la playa?	(adjetivo)
¿Cuántos vienen a comer?	(pronombre)
¿Cuánto trabajas?	(adverbio)

5. *Quién* y *quiénes* preguntan por personas.

> ¿*Quién* vive allí?
> ¿*Quiénes* te han ayudado?
> No sé *quién* te llamó.
> "Dime con *quién* andas y te diré quién eres."
> ¿A *quién* le pediste el préstamo?

6. *Dónde* y *adónde* se emplean para preguntar por un lugar.

> ¿*Dónde* pasaste el fin de semana?
> No sé *dónde* está mi llavero.
> ¿*Adónde* piensas ir?

7. *Cómo* pregunta por la manera de ejecutar una acción o por la descripción de una persona o cosa.

> ¿*Cómo* aprendiste a bailar tan bien?
> ¿*Cómo* te mantienes en forma?
> ¿*Cómo* es el nuevo director del colegio?

8. *Por qué* pregunta por la causa o razón.

> ¿*Por qué* no quieres jugar al tenis hoy?
> ¿*Por qué* llegaron tarde?
> ¿*Por qué* tiene que tomar él tantos medicamentos?

9. *Para qué* pregunta por el propósito o la finalidad.

> ¿*Para qué* sirven estas herramientas?
> ¿*Para qué* me llamas?
> ¿*Para qué* estudias? ¿Para médico?

 Ejercicios de comprobación ....

Escribir el interrogativo apropiado según el sentido de la oración.

1. ¿——————————— tiempo hace hoy?

2. ¿——————————— irán Uds. a Venezuela? ¿Mañana?

3. ¿——————————— metiste los calcetines? ¿En este cajón?

4. ¿——————————— veces ha ido Ud. al cine este mes?

5. ¿——————————— es la diferencia entre oído y oreja?

6. ¿——————————— fueron Uds. y sus amigos la semana pasada?

7. ¿——————————— van ellos al centro deportivo? ¿Para nadar?

8. ¿——————————— es la novela? ¿Interesante?

9. ¿De ——————————— es Ud.? ¿De la Florida?

10. ¿——————————— es el puerto principal del Perú? ¿El Callao?

• • • • • • •

Lección 8

II. Las palabras exclamativas ✖✖✖✖✖✖✖✖✖✖✖✖✖✖✖✖✖✖✖✖✖✖

Ejemplos

¡*Qué* de gente!

¡*Qué* calor!

¡*Cuánto* me gusta!

¡*Cuánto* te esfuerzas!

¡*Cómo* comen!

¡*Cómo* duermes!

¡*Cuán* bello es el murmullo de las palmas!

Ejercicio de reflexión...

Escribir la exclamación apropiada.

1. ¡_____ concierto!

2. ¡_____ me apetece ese platillo!

3. ¡_____ corre ese niño!

4. ¡_____ bien afilado está el cuchillo!

5. ¡_____ te aprecio, amigo mío!

Explicación

Se emplean los exclamativos *qué, cuánto, cómo* y *cuán* (uso literario) para expresar sentimientos de asombro, miedo, temor, alegría, etc. Siempre llevan acento.

Usos

1. ¡*Qué*! se emplea para expresar una cualidad.

¡*Qué* torpe es!

A veces se emplean los adverbios *más* o *tán* seguidos de un adjetivo después del sustantivo.

¡*Qué* perrita tan (más) cariñosa!

Con *de* el exclamativo *qué* expresa número y equivale a *cuánto*.

¡*Qué de* gente va en el desfile!

2. ¡*Cuánto*! expresa cantidad cuantitativa o cualitativa.

¡*Cuánto* gastó en el viaje!

3. *¡Cómo!* expresa modo o manera.

   ¡Cómo baila esta muchacha!

4. *¡Cuán!* se emplea con adjetivos o adverbios. Se emplea principalmente en la literatura. Tiene un significado ponderativo o exclamativo.

   ¡Cuán pronto se van las aves en el otoño!

✓ Ejercicios de comprobación ....

Escribir el exclamativo apropiado según el sentido de la oración.

1. ¡_____ cantaba María Callas!

2. ¡_____ malos son aquellos niños!

3. ¡_____ tiempo tarda él en llegar!

4. ¡_____ árbol tan alto!

5. ¡_____ lejanas parecen estar aquellas nubes!

6. ¡_____ casa tan (más) linda!

7. ¡_____ baila aquella pareja!

8. ¡_____ frío hace aquí!

9. ¡_____ bien tocó ella la flauta!

10. "¡_____ presto se va el placer!" (Jorge Manrique)

● ● ● ● ● ● ●

III. Repaso ✖✖

Ejercicios de repaso ....

A. Escribir el interrogativo o exclamativo apropiado según el sentido de la oración.

1. ¡_____ día más agradable!

2. ¿_____ sirve esta caja?

3. ¿_____ días hay en el mes de enero?

4. De estos dos colores, ¿_____ prefieres?

5. ¿_____ llegaron ellos? ¿En tren?

6. ¿_____ dices que no lo crees?

7. ¿_____ es la fecha de su cumpleaños?

8. ¿_____ vendrán tus padres? ¿La semana que viene?

9. ¡_____ te quiero, mi amor!

10. ¿_____ compraste esta cámara? ¿En el Japón?

B. Escribir el interrogativo apropiado según las palabras indicadas.

1. Él me prometió que *él lo haría.* ¿_____ te prometió él?

2. No quieren esquiar porque *hace mucho frío.* ¿_____

   no quieren esquiar?

3. En nuestra clase hay *once* estudiantes. ¿_____ estudiantes hay en
   la clase?

4. Mi mejor amigo es *de Texas.* ¿_____ es tu mejor amigo?

5. Yo camino *lentamente.* ¿_____ caminas tú?

6. Pedro ha pasado *cuatro horas* en la biblioteca. ¿_____ tiempo ha
   pasado Pedro en la biblioteca?

7. Pepa llevaba una blusa *azul.* ¿De _____ color era la blusa de Pepa?

8. Ellas *siempre* juegan al tenis allí. ¿_____ juegan al tenis allí?

9. El maestro les dio el examen *a todos.* ¿A _____ dio el examen
   el maestro?

10. *Asunción* es la capital del Paraguay. ¿_____ es la capital del
    Paraguay?

C. Escribir una reacción a las siguientes situaciones usando interrogativos o exclamativos.

1. Una persona querida acaba de regalarte unas flores. _____

   _____

2. Alguien te manda un mini mensaje al móvil invitándote a una fiesta. _____

   _____

3. Tu hermano te informa que ha ganado la lotería. _____

   _____

4. Tu vecino te dice que el florero que tú le regalaste se quebró. _____

   _____

5. No entiendes el uso de un cubierto de servir que encuentras en la cocina. _____

   _____

6. Miras el álbum de fotos de tu abuela y te sorprende ver a una persona famosa. _____

   _____

7. Estás en la playa y notas que la puesta de Sol es espectacular. _____

   _____

8. Te anuncian por teléfono que has obtenido el puesto que tanto querías. _____

_____

9. Te quedas pasmado con la voz de la soprano. _____

_____

10. Tu jefe te propone un viaje a la Argentina con todo pagado. _____

_____

11. En la televisión acaban de anunciar que le han otorgado un premio nacional a tu equipo

de investigación. _____

12. En la agencia de coches de ocasión ves el coche de tus sueños. _____

_____

13. El policía te detiene y te da una multa que no entiendes. _____

_____

14. Un compañero de clase te explica que necesita pedirte un favor. _____

_____

15. En el aeropuerto lees en la pantalla que han cancelado tu vuelo. _____

_____

D. Escribir el posesivo (adjetivo o pronombre) según el modelo.

1. _____Mis_____ amigos son ciclistas. (los míos)

   a. _____ amigos son futbolistas. (los tuyos)

   b. _____ amigos son nadadores. (los nuestros)

   c. _____ amigos son alpinistas. (los suyos)

   d. _____ amigos son corredores. (los vuestros)

2. ____Las mías____ son los geranios. (mis flores favoritas)

   a. _____ son las rosas. (sus flores favoritas)

   b. _____ son las margaritas. (vuestras flores favoritas)

   c. _____ son las dalias. (nuestras flores favoritas)

   d. _____ son los claveles. (tus flores favoritas)

3. _____Mi_____ árbol preferido es el abedul. (el mío)

   a. _____ árbol preferido es la encina. (el suyo)

   b. _____ árbol preferido es el almendro. (el nuestro)

   c. _____ árbol preferido es el nogal. (el de ella)

   d. _____ árbol preferido es la palma real. (el tuyo)

4. ___La mía___ es la de español. (mi clase predilecta)

   a. _____ es la de psicología. (la clase predilecta de Roberto)

   b. _____ es la de geometría. (la clase predilecta de María José)

   c. _____ es la de geografía. (tu clase predilecta)

   d. _____ es la de fotografía. (nuestra clase predilecta)

E. Escribir el demostrativo apropiado.

1. De todas las corbatas que hay en la tienda me gusta más _____ aquí.

2. _____ ciudades que visitamos hace dos años son las más pintorescas de Europa.

3. _____ que tú dices, no lo puedo aceptar.

4. _____ señor aquí y _____ otro allá son íntimos amigos del presidente.

5. Linda es mayor que Elisa; _____ tiene trece años y _____ tiene quince.

6. _____ años de mi juventud fueron los más felices de todos.

7. _____ composición que acabas de entregarme no está bien. Hazla de nuevo.

8. _____ flores que tenemos aquí son las más bonitas de todas.

9. Todos tratan de borrar de la memoria _____ día infame en que empezó la Segunda Guerra Mundial.

10. _____ sortijas que ella lleva valdrán mucho. ¿No crees?

 Actividades de comunicación creativa ....

A. Comunicación informal

Escribir un email donde le haces una entrevista al nuevo estudiante internacional que llegará de Chile para el próximo trimestre. La serie de preguntas que le hagas te servirá para escribir un artículo que saldrá en el periódico escolar.

B. Temas para una composición

Escribir un diálogo de unas 20 a 25 oraciones sobre una de las siguientes situaciones.

1. Conversación/Entrevista entre el gerente de un gran negocio y un candidato que responde a su anuncio de empleo publicado en los anuncios clasificados.

2. Conversación/Entrevista entre un detective y el testigo de un robo que tuvo lugar en una joyería de lujo de la ciudad.

Los pronombres relativos

9

I. Los pronombres relativos

Ejemplos

La señora *que* trabaja en esta bodega es muy amable.

Déme el abanico *que* está sobre la mesa.

¿Cómo se llama la joven *que* vimos ayer?

El policía, a *quien* le hicimos la pregunta, nos dio una multa.

La razón por *la cual* les dije eso es muy simple.

Toma los libros *que* necesites.

Esta señora, *cuyo* esposo está enfermo, se ve obligada a trabajar.

La ciudad en *que* vivo no tiene palmas.

Muéstreme al *que* llegó tarde.

¿Qué automóvil prefiere ahora? *El que* Ud. deseaba ya se vendió.

Hagan *lo que* quieran.

Lo que más me interesa es la política.

Los terroristas, *cuyos* métodos son violentos, causan mucha ansiedad.

Las hijas de los García, *las cuales (las que)* conocimos el otro día, van a ese club.

Mi vecina, *quien* acaba de volver del sur, me regaló una acuarela.

Ejercicio de reflexión

Escribir el pronombre relativo apropiado.

1. Las personas _____ escribieron este libro son bilingües.

2. Los ideales por _____ luchó eran quijotescos.

3. La señora a _____ invitamos nos mandó unas flores.

4. Esta motocicleta, _____ frenos no funcionan, no se puede vender.

5. El cantante, a _____ oímos anoche, nos entusiasmó.

6. La ingeniera, _____ proyecto aprobaron, se enriqueció.

7. Él no lo hizo, _____ me parece muy mal.

8. La poetisa _____ recibió el Premio Nobel vivía en una isla.

9. Los peces _____ viven en aguas contaminadas no pueden vivir largo tiempo.

10. Los científicos, _____ descubrieron el rayo láser, son famosos.

....

Explicación

El pronombre relativo se refiere a un antecedente de la oración principal e introduce la oración subordinada.

que	personas, cosas cosas/después de una preposición (*a, de, con, en*)
quien, quienes	personas/después de preposiciones
el cual, el que los cuales, los que **la cual, la que las cuales, las que**	personas/cosas/después de preposiciones
lo que **lo cual**	neutro neutro
cuyo cuyos **cuya cuyas**	pronombre/adjetivo relativo

Usos

1. *Que* se emplea para referirse a personas o a cosas. Después de una preposición solamente se refiere a cosas.

    El vestido *que* he comprado es de lunares.
    El muchacho *que* viene es mi hermano.
    La casa en *que* vivimos ahora es de estilo colonial.
    El libro de *que* te hablé se me ha perdido.

    NOTA: En algunas oraciones el pronombre relativo *que* puede servir la función **especificativa**, eligiendo a personas u objetos específicos de un grupo.

    Los autores que eran famosos ganaron el Premio Cervantes.
    (Se "especifica" los *que* eran famosos.)

    En algunas otras oraciones el pronombre relativo *que* puede servir la función **explicativa**, cuando explica algo sobre el antecedente en su totalidad.

    Los autores, que eran famosos, ganaron el Premio Cervantes.
    (Se "explica" *que* eran famosos.)

2. *Quien* y *quienes* se usan después de preposiciones (*a, de, en, con*) para referirse únicamente a personas. También se emplean en lugar de *que* en una cláusula entre comas.

> Tu hermano, *a quien* no había visto hacía tiempo, vino ayer.
> La señorita *de quien* te hablé es secretaria.
> Marcos, *quien* acaba de entrar, es médico.
> Soledad y María, *quienes* estaban jugando en el patio, son las hijas del alcalde.

3. *El que, los que, la que* y *las que* o *el cual, los cuales, la cual* y *las cuales* se refieren a personas o a cosas y se emplean especialmente después de algunas preposiciones de más de una sílaba. También se emplean para evitar confusión entre dos antecedentes. Concuerdan en número y género con el antecedente.

> Las casas cerca de *las cuales* (*las que*) vive nuestra abuela son históricas.
> La novia de Jorge, *la cual* (*la que*) vive en San Juan, es muy simpática.
> Subimos hasta la cima de la montaña desde *la cual* (*la que*) vimos la puesta del Sol.
> Los impuestos de la renta, *los cuales* (*los que*) ya eran altos, volvieron a subir.

4. *El que, los que, la que* y *las que* pueden sustituir a *quien* y a *quienes* como sujeto.

> *El que* no come no engorda.   *Quien* no come no engorda.
> *Los que* no duermen no descansan.   *Quienes* no duermen no descansan.
> "*Los que* se aventuran pasan la mar."   *Quienes* se aventuran pasan la mar.

5. *Lo que* y *lo cual* son expresiones neutras de uso frecuente. Se emplean para referirse a una idea o a un concepto ya expresado.

> Ella está planeando un viaje en el invierno, *lo que (lo cual)* me parece bien.
> Pedro llegó tarde, *lo que (lo cual)* no nos hizo ninguna gracia.

NOTA: *Lo que* (nunca *lo cual*) se refiere a una idea o a un concepto sobrentendido o implícito (no mencionado).

> *Lo que* me entusiasma es un día en la playa.
> *Lo que* nos molesta es su falta de consideración.
> *Lo que* tú deseas es viajar en un crucero por el Caribe.

> *Lo cual* se emplea menos y nunca se usa al principio de la oración. Por lo general, va precedido de frases preposicionales.

> Empezó a llover, en vista de *lo cual* no jugamos al fútbol.
> Se torció el tobillo, a consecuencia de *lo cual* no pudo correr.

6. *Cuyo, cuyos, cuya* y *cuyas* se usan como adjetivos y concuerdan en género y número con el objeto poseído, nunca con el sujeto. Tienen carácter posesivo, especificativo y explicativo.

> La chica, *cuyo* padre vive en Moscú, trabaja para la embajada.
> La actriz, *cuyos* ojos muestran tristeza, hace el papel de víctima.
> Mi amiga, *cuya* dirección vas a necesitar, está ahora en Sevilla.
> ¿Has visto el libro en *cuyas* páginas dibujamos unos payasos?
> "En un lugar de la Mancha de *cuyo* nombre no quiero acordarme... " (Cervantes)

NOTA: En el lenguaje popular los adverbios *como, donde, cuanto* y a veces *cuando* sustituyen a los relativos.

Este es el pueblo *donde* (*en que*) nací.
Me gusta la manera *como* (*en que*) toca el piano.
Todo *cuanto* (*lo que*) decía me parecía bien.
La conocí a ella en el tiempo *cuando* (*en que*) yo era adolescente.

 Ejercicios de comprobación ....

A. Escribir el pronombre relativo apropiado.

1. "_____ mal anda, mal acaba."

2. _____ trabajan, ganan dinero.

3. Esa es la señorita _____ me vendió el vestido.

4. Tengo una lavadora de platos sin la _____ no puedo existir.

5. Ella llegó antes de _____ esperábamos.

6. La mesa, _____ patas no son del mismo largo, está desnivelada.

7. Vimos al sacerdote _____ dijo misa el domingo.

8. Las flores, _____ precio es muy elevado, son las rosas.

9. Tu hermano, _____ estaba allí, me lo dijo.

10. Los sellos, _____ dibujos son imperfectos, son valiosos.

11. Sus abuelos le enviaron un paquete _____ llegó con mucho retraso.

12. El granizo, _____ granos destruirían la cosecha, caía sobre el campo.

13. Él anunció el tema _____ iba a discutir.

14. ¿Has visto la torre de Pisa _____ está inclinada?

15. El toro, _____ tenía la fuerza de un minotauro, embistió al torero.

16. El abogado, de _____ se quejaban, era una gran persona.

17. El lujo con _____ vestía atraía las miradas de todos.

18. Esta es la casa en _____ nací.

19. Todo lo _____ comía le sentaba mal.

20. El cocodrilo, _____ es un reptil temido, vive en los climas tropicales.

B. Escribir el pronombre relativo según el sentido de la oración.

1. El mecánico _____ me arregló el coche es muy responsable.

2. El empleado a _____ le di el pasaporte no está aquí.

3. Los inmigrantes, _____ orígenes son diferentes, saben adaptarse a la sociedad.

4. La bibliotecaria, _____ esposo trabaja en la universidad, ha salido ya.

5. No comprendo la causa por la _____ perdió su vida.

6. Compra las cosas _____ necesites para la fiesta.

7. _____ me gusta más es dormir una buena siesta.

8. Es necesario que escriban lo _____ les manda la profesora.

9. El hotel en _____ yo pasaba mis vacaciones ya no existe.

10. Los gitanos _____ viven en Granada se integran a la ciudad.

11. Mi amigo, a _____ conoces, vive en México.

12. Estuvo aquí tu primo, a _____ le dije lo que querías.

13. El paquete en el _____ me mandabas las fotos no lo he recibido.

14. ¿Quiere Ud. decirme _____ hicieron ellos?

15. Vamos a hablar con _____ pueda ayudarnos.

C. Unir las dos oraciones con un pronombre relativo para formar una sola.

1. El senador es valiente. Él defiende las leyes contra el crimen.

   _____

2. El perro es blanco y negro. Es un dálmata.

   _____

3. Las naranjas crecen en Valencia. Producen un jugo exquisito.

   _____

4. Ella compró una casa con una torre. Desde allí se puede ver el mar.

   _____

5. La motocicleta puede circular por las callejuelas. Me hablaste de ella.

   _____

6. Recibí un correo electrónico de mi hija. Me cuenta sus proyectos.

   _____

7. El lapicero es muy fino. Escribes siempre con él.

   _____

8. La película me gustó muchísimo. Nos hablaron de ella.

   _____

9. Los acróbatas dan la impresión que vuelan. Ellos se balancean en un trampolín.

_____

10. Queremos que haga menos frío. Es imposible en febrero.

_____

D. Escribir los pronombres relativos que sean más apropiados.

Antoni Tapies

Antoni Tapies es un artista (1.) _____ vive y trabaja actualmente en

Barcelona. Este catalán, (2.) _____ es uno de los españoles más famosos en

el mundo del arte contemporáneo, ha clausurado una exposición de obras de su primera etapa

artística. Sus cuadros, (3.) _____ simbolismo es enigmático, son de los más

caros del mercado. (4.) _____ que entienden su arte lo admiran y lo defienden.

Los objetos (5.) _____ inspiran a Tapies son variados y suelen ser de uso

diario. Por ejemplo, hace años, él diseñó una escultura de un calcetín con agujeros. La escultura,

(6.) _____ medía dieciocho metros de alto, fue diseñada para el Museo

Nacional de Cataluña. Fue una obra de arte (7.) _____ causó una gran polémica

en la Comunidad Autonómica. El público opinaba que tal escultura no debía exhibirse en el

museo de arte románico catalán. Si les interesa ver (8.) _____ ha pintado

este famoso artista, pueden visitar la Fundación Tapies (9.)_____ está

ubicada en la calle Aragón, en el centro de la ciudad. La Fundación se encuentra en un edificio

encima de (10.)_____ hay una escultura típica de Tapies hecha de alhambre.

• • • • • •

II. Repaso ✕✕✕✕✕✕✕✕✕✕✕✕✕✕✕✕✕✕✕✕✕✕✕✕✕✕✕✕✕✕✕✕✕✕✕✕

Ejercicios de repaso ....

A. Escribir el interrogativo o el exclamativo apropiado.

1. ¡_____ canta aquel tenor!

2. ¿Con _____ estabas hablando cuando yo llegué?

3. ¿_____ van ellos para sus vacaciones? ¿A Italia?

4. ¿De _____ es esa bolsa? ¿De cuero o de plástico?

5. ¿_____ hablan ellos? ¿Bien o mal?

6. ¿De _____ son nuestros antepasados? ¿De Cuba?

7. Yo salgo mañana para Santo Domingo. ¿_____ sales tú?

8. No entiendo _____ no participaron ellos en el concurso.

9. No sé con _____ debo hablar, si con el estudiante o con su consejero.

10. ¿_____ días vais a estar fuera?

11. ¡_____ tiempo sin verte! ¿_____ estás, niña?

12. Mi abuelo tiene ochenta años. ¿_____ años tiene el tuyo?

13. Nosotros vamos a estudiar ahora. ¿_____ vas a hacer tú?

14. ¿_____ es la diferencia entre *pata* y *pie*?

15. ¿_____ es su número de teléfono? Quiero apuntarlo.

B. Escribir una pregunta usando un interrogativo apropiado según las palabras indicadas.

1. ¿_____?

Más de dos mil personas asistieron al estreno de la película.

2. ¿_____?

Iremos *a la costa del Cantábrico* para pasar las vacaciones.

3. ¿_____?

El vestido nuevo de Juanita es *rojo*.

4. ¿_____?

Nuestros primos llegarán *a las cuatro de la tarde*.

5. ¿_____?

Su nueva dirección es *calle de Quevedo 44, Bilbao*.

6. ¿_____?

Nosotros le dimos las llaves *al portero*.

7. ¿_____?

Unos ladrones le quitaron el bolso.

8. ¿_____?

Van a la ópera con *sus tíos de California*.

9. ¿_____?

En Inglaterra conducen por *la izquierda de la carretera*.

10. ¿_____?

Mis vecinos hablan *portugués*.

Actividades de comunicación creativa ....

A. Comunicación informal

1. Escribir un correo electrónico a tu mejor amigo/amiga en el que le explicas lo que más y lo que menos te gusta hacer durante un día en que hayan caído doce pulgadas de lluvia o de nieve en tu ciudad.

2. Escribir un correo electrónico al dueño de una cadena de restaurantes. Explícale lo malo que fue la comida que comiste durante el fin de semana en uno de ellos. Explícale todo lo que no te gustó desde el primer plato hasta el postre.

B. Temas para una composición

Escribir una composición de unas 12 a 15 oraciones sobre la vida de tus compañeros de clase. Usar los pronombres relativos para incluir sus características físicas (color de pelo y de ojos, estatura, peso, etc.) y personales (dónde nacieron, dónde han vivido, qué pasatiempos tienen, el tamaño de su familia, etc.).

Los indefinidos y los negativos

I. Los indefinidos y los negativos ✦✦✦✦✦✦✦✦✦✦✦✦✦✦✦✦✦✦✦✦✦✦

Ejemplos

Siempre hacemos lo que debemos.
Nunca (Jamás) hacemos lo que debemos.
No hacemos *nunca* lo que debemos.

Alguien entró en mi casa anoche.
Nadie entró en mi casa anoche.
No entró *nadie* en mi casa anoche.

El niño tiene *algo* en la boca.
El niño *no* tiene *nada* en la boca.

Alguno (de ellos) debe ser de Quito.
Ninguno de ellos es de Quito.

Algún muchacho lo sabrá hacer.
Ningún muchacho lo sabrá hacer.

Él lo oyó *también*.
Él *no* lo oyó *tampoco*.
Él *tampoco* lo oyó.

—¿Vas al gimnasio?
—Sí, voy al gimnasio.
—No, *no* voy al gimnasio.

Sus bisabuelos viven *todavía*.
Sus bisabuelos *ya no* viven.

Él gana mucho *pero* no ahorra.
Él *no* quiere ahorrar dinero *sino* gastarlo.
Él *no* ahorra dinero *sino que* lo gasta.

Tenemos *más de* veinte dólares para
   comprar CDs.
No tenemos *más de* veinte dólares para
   comprar CDs.

Apenas habíamos llegado, empezó a llover.

Durante las horas libres *o* vamos a la playa *o* vamos de compras.
Durante las horas libres *ni* vamos a la playa *ni* vamos de compras; vamos al gimnasio.

A él le gustan los platos españoles, *incluso* los calamares en su tinta.
A él no le gustan los platos españoles, *ni siquiera* la paella.

A. Escribir la oración en el negativo.

1. *Siempre* borro la pizarra.

   _____

2. *Alguien* entró en el cuarto.

   _____

3. Él sabe *mucho* de astronomía.

   _____

4. Tenemos *algunos* compañeros extranjeros.

   _____

5. Ella tiene *más de* diez dólares.

   _____

B. Escribir la oración en el afirmativo.

1. Uno *nunca* sabe cómo va a reaccionar la gente.

   _____

2. *Ya no* se baila el danzón.

   _____

3. *Nunca* compramos fruta tropical.

   _____

4. *Ninguno de los expertos* sabe la respuesta.

   _____

5. Los inspectores de salud pública *no* van a venir *tampoco*.

   _____

Explicación

Forma afirmativa	Forma negativa
sí	no
alguien, todo el mundo	nadie
algo, todo	nada
alguno (algún), -os, -a, -as	ninguno (ningún), ninguna
uno(un), -os, -a, -as	ninguno (ningún), ninguna
cierto, -os, -a, -as	ninguno (ningún), ninguna
cualquier	ninguno (ningún), ninguna
cualquiera, quienquiera	ninguno (ningún), ninguna
siempre	nunca, jamás
también	tampoco
todavía, ya, aún	todavía no, ya no*, aún no
más de + numeral**	no... más de + numeral

Ya no es el negativo de *todavía*.

Modelo: —¿Tienes tu bicicleta *todavía*?

　　　　　　—No, *ya no* la tengo.

** El negativo de *más de + numeral* es *no más de + numeral*.

Modelo: Hay *más de* cien dólares en su cartera.

　　　　(cantidad que afirma tener más de cien dólares; no cien, más…) (>)

　　　　No hay *más de* cien dólares en su cartera.†

　　　　(cantidad que afirma tener cien dólares o menos…) (≤)

　　　　Nosotras hemos escrito *más de* cincuenta cartas.

　　　　(afirma la cantidad de cartas escritas, es decir por lo menos cincuenta y una…) (>)

　　　　Nosotras *no* hemos escrito *más de* cincuenta cartas.

　　　　(afirma la cantidad de cartas escritas, es decir cincuenta o menos…) (≤)

　　　　　†Para afirmar con exactitud la cantidad de algo, se usa *no más que*.

　　　　No hay *más que* cien dólares en su cartera.

　　　　(afirma una cantidad limitada que equivale exactamente a cien dólares…) (=)

　　　　Nosotras *no* hemos escrito *más que* cincuenta cartas.

　　　　(afirma una cantidad limitada que equivale exactamente a cincuenta cartas…) (=)

Usos

Se expresa la negación colocando el adverbio *no* delante del verbo:

　　No tengo dinero.

En español se puede usar el doble o triple negativo:

　　Yo *no* tengo *nunca nada*.

Si uno de los negativos es *no*, la palabra *no* tiene que preceder al verbo conjugado. Si se omite *no*, el negativo se coloca siempre delante del verbo.

　　No vino *nadie* ayer.　　　　　　*No* voy *nunca* a la playa en diciembre.

　　Nadie vino ayer.　　　　　　　*Nunca* voy a la playa en diciembre.

Fíjese en el uso del negativo en la contestación.

—Yo no tengo hambre, ¿y tú?   —¿Te gusta el programa?   —¿Qué hay de nuevo?
—Yo tampoco.   —A mí, no.   —Nada en particular.

—¿Quién va al cine?   —¿Quién ha llamado?   —¿Te importa mucho?
—Yo no.   —Nadie.   —No me importa nada.

—¿Estás listo?   —¿Qué has hecho?   —¿Qué has comido hoy?
—Todavía no.   —No mucho. Nada.   —Nada.

—¿Están ocupados?   —¿Lo volverás a hacer?
—Ahora no.   —Nunca. Jamás. Nunca jamás.

A. Pronombres indefinidos y negativos

Forma afirmativa	Forma negativa
alguien	nadie
algo	nada
alguno, -os, -a, -as	ninguno, ninguna
cualquiera, quienquiera	nadie, ninguno
todo	nada (cosa)
todo el mundo	nadie (persona) ninguno (persona)

Ejemplos

Ella vio a *alguien* en la ventana.
    Ella *no* vio a *nadie* en la ventana.

Él aprendió *algo* durante el año.
    Él *no* aprendió *nada* durante el año.

Algunos van a esquiar.
    Ninguno (de ellos) va a esquiar.

Cualquiera puede hacerlo.
    Nadie puede hacerlo.

Todo va bien.
    Nada va bien.

Todo el mundo tiene que dormir ahora.
    Nadie tiene que dormir ahora.

B. Adjetivos indefinidos y negativos

Forma afirmativa	Forma negativa
alguno (algún), -os, -a, -as cierto, -os, -a, -as uno (un), -os, -a, -as mucho, -os, -a, -as tal, -es cada cualquier, -a todo, -os, -a, -as otro, -os, -a, -as	ninguno (ningún), ninguna

Ejemplos

¿Has visto *alguna* película de Carlos Saura?
   ¿No has visto *ninguna* película de Carlos Saura?

Algunos atletas ganaron medallas de oro.
   Ningún atleta de este colegio ganó la medalla de oro.

Es posible que él lo haga *cualquier* día.
   Es posible que no lo haga *ningún* día.

Cuando van a la playa, *cada uno* lleva su merienda.
   Cuando van a la playa, *ninguno* lleva su merienda.

Puedes venir *cualquier* día.
   No puedes venir *ningún* día.

Todo esfuerzo recibe recompensa.
   Ningún esfuerzo recibe recompensa.

Lo haría en *otra* ocasión.
   No lo haría en *ninguna* ocasión.

C. *Adverbios indefinidos y negativos*

Forma afirmativa	Forma negativa
ya	todavía no, aún no
todavía, aún	ya no
siempre	nunca, jamás
también	tampoco
	ni... tampoco
más de + numeral	no... más de + numeral

Ejemplos

Ya ha empezado la temporada de béisbol.
   Todavía no ha empezado la temporada de béisbol.

Todavía tengo que estudiar.
   Ya no tengo que estudiar.

Ella *siempre* toma té con el postre.
   Ella *nunca* toma té con el postre.

Yo como carne y *también* pescado.
   Yo *no* como carne *y tampoco* pescado.

Son *más de* cuatro en su familia.
   No son *más de* cuatro en su familia.

D. Conjunciones negativas

Forma afirmativa	Forma negativa
o... o pero	ni... ni sino (sino que)

La expresión *ni... ni* es el antónimo de *o... o*.

Yo quiero *o* leche *o* café. ≠ No quiero *ni* leche *ni* café.

La conjunción *pero* significa *sin embargo*. Las conjunciones negativas *sino* y *sino que* significan *al contrario*. *Sino* se usa delante de un sustantivo, adjetivo o infinitivo; *sino que* se usa delante de un verbo conjugado.

Quiero ir, *pero* no puedo. No quiero ir, *pero* tengo que ir.
Ellos no quieren cantar, *sino* jugar.
No cerraron las ventanas, *sino que* las abrieron.

E. Prefijos derivados del latín y las preposiciones que implican negación u oposición

Se emplean prefijos o preposiciones como *anti-*, *contra-*, *des-*, *dis-* e *in-* (que cambia a *im-* delante de *b* o *p*) para crear la forma negativa de algunas palabras. Por ejemplo:

Afirmativo	Negativo		Afirmativo	Negativo
comunista	anticomunista		héroe	antihéroe
simpático	antipático		patriótico	antipatriótico
acción	contracción		corriente	contracorriente
decir	contradecir		luz	contraluz
orden	contraorden		peso	contrapeso
revolución	contrarevolución		animarse	desanimarse
aparecer	desaparecer		armar	desarmar
cuidar	descuidar		hacer	deshacer
pegar	despegar		vestir	desvestir
culpa	disculpa		gusto	disgusto
borrable	imborrable		posible	imposible
capaz	incapaz		creíble	increíble
digestión	indigestión		educado	ineducado
feliz	infeliz		flexible	inflexible
frecuente	infrecuente		válido	inválido

Ejercicios de comprobación ....

A. Escribir el indefinido apropiado en la forma afirmativa o negativa según el sentido de la oración.

1. Anita tiene _____ en la mano, pero creo que su hermana no tiene

_____ en la suya.

2. _____ te ha llamado esta mañana, pero _____ te

llamó ayer.

3. Yo no voy _____ al museo, pero Jorge _____ va porque le

encanta la pintura.

4. Aquí, hay _____ papeles del maestro, pero allí en su mesa no hay

_____ .

5. _____ político quiere enfrentarse con ese problema porque sabe que no

hay _____ solución posible.

6. A veces cantamos en la clase de español, pero _____ cantamos en

la clase de matemáticas.

7. No tenemos ni sed _____ hambre.

8. Ella dijo que vio a alguien en la ventana, pero yo no vi a _____ .

B. Cambiar de la forma afirmativa a la forma negativa.

1. *Ya* he cambiado los cheques de viajero.

_____

2. Ignacio y Rafael son hermanos; *los dos* son cariñosos.

_____

3. Iremos *o* a México *o* a Colombia.

_____

4. Hay *más de* dieciséis alumnos en esta clase.

_____

5. *Bebo limonada* y *también* bebo soda.

_____

6. Hay *una* caja de ahorros en el centro.

_____

7. *Siempre* me acuesto temprano.

_____

8. Los muchachos *sí* estudian matemáticas.

_____

9. *A Enrique le gusta esquiar.* A mí *también.*

_____

10. *Cada uno* lleva sus maletas.

_____

C. Cambiar la oración de la forma negativa a la forma afirmativa.

1. Nunca le entregamos los billetes al conductor al subir al tren.

   _____

2. No puedes entrar en ese país sin una visa especial.

   _____

3. En la reunión de empresarios, no vimos a nadie que conociéramos.

   _____

4. No hay ninguna pastilla que facilite bajar de peso.

   _____

5. Su bisabuela ya no vive en su propia casa.

   _____

6. Jamás he tenido ganas de ir a un balneario.

   _____

7. En la Red no encontré ningún enlace útil para mi tesis.

   _____

8. Al entrar, el invitado no dijo nada a nadie.

   _____

9. No compraron ningún CD de canciones caribeñas.

   _____

10. Ayer, no pudimos jugar al golf ni tampoco al tenis.

    _____

D. Contestar negativamente a las preguntas con la forma más breve.

1. ¿Quiénes viajan en las naves espaciales? _____

2. ¿Qué hiciste anoche? _____

3. ¿Ya estás preparado? _____

4. A mí no me gusta este programa de televisión, ¿y a ti? _____

5. ¿Quién ha venido? _____

6. ¿Comes comida tailandesa algunas veces? _____

7. ¿Lo diseñaste tú? _____

8. ¿Volverás a llegar tarde? _____

9. No voy al cine mañana, ¿y tú? _____

10. ¿Ya terminaste este ejercicio? _____

E. Escribir lo opuesto de lo que se expresa en las oraciones a continuación.

Modelo: Yo *siempre* llego temprano.
Yo nunca llego temprano.

1. Venden *toda* clase de fruta en el mercado.

_____

2. *No* vi *nada* que me gustara en la exposición.

_____

3. *No* hay *nadie* aquí que sepa hablar sueco.

_____

4. La catedral tiene *una* vidriera gótica.

_____

5. *No* han descubierto *todavía ningun* buque sumergido.

_____

6. Queremos ir *o* al teatro *o* a escuchar música.

_____

7. Ella *ya* sabe montar a caballo.

_____

8. *Siempre* escribo mis cartas por la noche.

_____

9. *Jamás* he ganado la lotería.

_____

10. *Todo el mundo* debe de ser generoso con el prójimo.

_____

11. Me lo contó *alguien* en el vestuario del centro deportivo.

_____

12. Ellos juegan *o* al tenis *o* al jai alai.

_____

13. Recibimos *algunas* cartas de Australia.

_____

14. *No* pudimos contestar *ninguna* pregunta.

_____

15. ¿Conoces a *alguien* que hable quechua?

_____

F. Escribir la forma negativa de los verbos, adjetivos y sustantivos a continuación.

1. creíble _____

2. educado _____

3. cuidar _____

4. decir _____

5. luz _____

6. capaz _____

7. héroe _____

8. útil _____

9. hacer _____

10. feliz _____

11. válido _____

12. frecuente _____

13. flexible _____

14. animarse _____

15. comunista _____

16. correcto _____

● ● ● ● ● ●

II. Repaso

Ejercicios de repaso

A. Completar con los pronombres relativos según el contexto.

El Día de los Reyes

En diferentes países, en (1.) _____ predomina la religión cristiana, se celebra la llegada de los tres Reyes Magos. Esta tradición, (2.) _____ origen está basado en el evangelio, ha sido siempre muy popular entre niños y adultos. Estos tres reyes, (3.) _____ nombres son Melchor, Gaspar y Baltazar, fueron (4.) _____ trajeron ofrendas al niño Jesús en Belén. Se calcula que la fecha en (5.) _____ llegaron al pesebre fue doce días después de Navidad, o sea el 6 de enero. Algunas familias suelen festejar esa fecha y las familias (6.) _____ yo conozco tienen diferentes costumbres. En algunas familias, en (7.) _____ hay niños pequeños, se compran regalos. La noche del 5 de enero, (8.) _____ es la víspera de la llegada de los reyes, cada persona pone un zapato al lado de la chimenea en espera de la llegada de los reyes. Estos reyes vienen montados en camellos y, frecuentemente, en cada casa se le deja algo de tomar a cada rey y paja o un cubo de agua para los camellos. En otras familias, cada rey trae un regalo especial para el niño o el adulto (9.) _____ ha escogido. Por ejemplo, (10.) _____ me ha traído siempre a mí un regalo, ha sido el rey Melchor. En la edad adulta, (11.) _____ más agrada es un regalo simbólico o práctico, por ejemplo, un libro, un CD o unas entradas para el teatro. En ciertas familias se celebra esta fecha comiendo un pastel dentro de (12.) _____ hay un pequeño objeto. La persona a (13.) _____ le toque el objeto es entonces el rey o la reina de la fiesta. Existen muchas otras tradiciones (14.) _____ conmemoran la fecha de la llegada de los Reyes Magos. ¿Conoce Ud. alguna?

B. Completar con los pronombres relativos según el contexto.

El Camino de Santiago de Compostela

Muchas personas de hoy, (1.) _____ se encuentran cansadas de los típicos viajes veraniegos, optan por hacer viajes (2.) _____ resultados sean más satisfactorios espiritualmente. Recorrer el Camino de Santiago de Compostela es uno de esos viajes preferidos. Esta peregrinación, (3.) _____ atraviesa el norte de España y lleva a la ciudad santa en Galicia, tiene su origen en los tiempos medievales. En aquella época, (4.) _____ hacían el viaje eran los creyentes (5.) _____ venían de todas partes de Europa. (6.) _____ hacen el viaje hoy, también de varios lugares distintos, se quedan maravillados por la belleza de los pueblos (7.) _____ iglesias son una de las mejores muestras del arte románico europeo. Los peregrinos modernos, con (8.) _____ se comparte la experiencia, hacen el viaje por motivos variados y a veces muy personales. (9.) _____ añade una dimensión extra a la experiencia es la variedad de edades de los participantes. Algunos son muy jóvenes, otros de mediana edad e incluso hay (10.) _____ son de la tercera edad. A pesar de la motivación o la edad, (11.) _____ todos dicen es (12.) _____ tal peregrinación merece el esfuerzo y el tiempo que exige.

Para muchos el recibir la "compostelana" al final del trayecto representa una victoria personal. Para otros el encontrarse en la catedral, dentro de (13.) _____ se respira un aire de gran trascendencia, supone la culminación de sus aspiraciones espirituales. ¿A quién le gustaría participar con (14.) _____ piensan emprender tal viaje el próximo año?

 # Actividades de comunicación creativa ....

A. Comunicación informal

1. Escribir un mensaje electrónico a tu amigo/a después de una fiesta super aburrida. Explicar por qué lo pasaste tan mal y por qué no fue divertida.

2. Escribir una nota de explicación diciendo por qué quieres devolver una chaqueta que compraste en la Red y por qué quieres que te den crédito en la tarjeta de crédito que usaste.

B. Temas para una composición

Escribir una composición de unas 15 a 20 oraciones sobre uno de los siguientes temas.

1. El peor viaje de mi vida. Explicar por qué fue un desastre. Incluir detalles sobre el lugar, el alojamiento, la comida, las actividades y/o los compañeros de viaje.

2. Una decisión desastrosa. Identificar/Describir una decisión personal (o de otros) que tuvo unos resultados inesperados o no deseados. Explicar las consecuencias negativas o desagradables que resultaron.

Los adjetivos, adverbios, comparativos y superlativos

I. Los adjetivos

Ejemplos

varios soldados *valientes*

una actriz *talentosa*

un *buen* trabajo

unos *buenos* amigos

un *nuevo* coche *japonés*

un *buen* político *responsable*

un joven *guapo* y *sensible*

tres árboles *frondosos*

la *blanca* nieve

el espacio *infinito*

las *pésimas* noticias *internacionales*

Los *antiguos* alumnos contribuyen a sus universidades.

un *excelente* negocio *lucrativo*

un *gran* caballo *veloz*

Es *buena* gente.

la enfermera con su *santa* paciencia

un cantante *popular* y *cursi*

un bebé *mimado*

Un hombre *pobre* me pide *diez* centavos.

un *pobre* hombre *invalido*

estas ciudades *contaminadas*

La comida es francamente *intragable*.

Ejercicio de reflexión

Escribir la forma apropiada del adjetivo.

1. una _____ (viejo) costumbre _____ (español)

2. una mujer _____ (interesante)

3. ciudades _____ (alemán)

4. una muchacha _____ (encantador)

5. un _____ (grande) escritor _____ (conocido)

6. comedias _____ (divertido)

7. unos estudiantes _____ (aplicado)

8. el agua _____ (frío)

9. unas ideas _____ (difícil)

10. una preocupación _____ (persistente)

....

Formación

El adjetivo concuerda en género y número con el sustantivo que modifica.
La forma femenina se forma cambiando la -o a -a.

Masculino	Femenino	Masculino	Femenino
indeciso	indecisa	lindo	linda
sucio	sucia	profundo	profunda
callado	callada	silencioso	silenciosa
complicado	complicada	continuo	continua

Los adjetivos que terminan en -e o en *consonante* son invariables; sirven para el masculino
y el femenino.

Masculino	Femenino	Masculino	Femenino
un muchacho feliz	una muchacha feliz	un amigo fiel	una amiga fiel
un hermano menor	una hermana menor	un abrigo azul	una corbata azul
un chico canadiense	una chica canadiense	un vestido verde	una blusa verde
un balcón interior	una habitación interior	un viento tropical	una brisa tropical

Excepciones:

A algunos adjetivos que terminan en -*or*, -*ón*, -*án* o -*ín* se les añade una *a* para formar el femenino.

Masculino	Femenino	Masculino	Femenino
hablador	habladora	conservador	conservadora
empollón	empollona	dormilón	dormilona
holgazán	holgazana	haragán	haragana
chiquitín	chiquitina	pequeñín	pequeñina

A los adjetivos de nacionalidad que terminan en consonante se les añade una *a* para formar
el femenino.

Masculino	Femenino	Masculino	Femenino	Masculino	Femenino
portugués	portuguesa	español	española	libanés	libanesa
alemán	alemana	japonés	japonesa	inglés	inglesa

Hay algunos adjetivos de nacionalidad que sirven para ambos géneros.

azteca	el calendario *azteca*, la civilización *azteca*, el emperador *azteca*
belga	el encaje *belga*, el rey *belga*, las patatas fritas *belgas*
marroquí	el paisaje *marroquí*, la comida *marroquí*, el cuscús marroquí
maya	el guerrero *maya*, la pirámide *maya*, los templos mayas

Usos

1. Los adjetivos son calificativos (descriptivos) o determinativos.

a. Los adjetivos calificativos (descriptivos) se colocan normalmente después del sustantivo.

un día *largo*	un paisaje *pintoresco*	un libro *biográfico*
una dama *alta*	la música *moderna*	una cámara *barata*

A veces preceden al sustantivo cuando el adjetivo expresa una calidad inherente, o por razones de estilística (especialmente en poesía).

la *blanca* nieve	los *verdes* campos	el *ardiente* Sol
la *dulce* miel	el *azul* cielo	la *bella* Luna
las *fuertes* olas	las *cristalinas* aguas	el *solitario* sendero

b. Los adjetivos determinativos normalmente se colocan delante del sustantivo.

números	*un* libro; el *primer* día; *cien* metros
otro, -os, -a, -as	*Otro* día iremos a la playa.
cierto, -os, -a, -as	*Ciertas* personas no tienen que trabajar.
mucho, -os, -a, -as	Hay *mucho* ruido en la cocina.
poco, -os, -a, -as	Ella tiene *poca* paciencia.
tal, -es	No creemos *tal* cuento.
alguno (algún), -os, -a, -as	*Algunas* personas están enfadadas con él.
ninguno (ningún), ninguna	*Ningún* muchacho ha traído su cuaderno.
peor, -es	El lunes es el *peor* día de la semana.
mejor, -es	Su *mejor* amigo vive al lado de su casa.

Hay adjetivos que cambian su significado según su posición.

un *viejo* colega (conocido de mucho tiempo)	≠	un colega *viejo* (edad)
un *gran* negocio (importante)	≠	un negocio *grande* (tamaño)
una *gran* catedral (famosa)	≠	una catedral *grande* (tamaño)
un *gran* hotel (de lujo)	≠	un hotel *grande* (Tiene muchas habitaciones.)
un *pobre* hombre (desafortunado)	≠	un hombre *pobre* (No tiene dinero.)
las *diferentes* ideas (varias)	≠	las ideas *diferentes* (No son iguales.)
cierta declaración (indefinida)	≠	una declaración *cierta* (exacta, segura)
un *nuevo* coche (otro)	≠	un coche *nuevo* (moderno)
una *sola* muchacha (única)	≠	una muchacha *sola* (solitaria)
el *mismo* hombre (misma persona)	≠	el hombre *mismo* (en persona)
una *simple* idea (sencilla)	≠	una idea *simple* (tonta)

2. El apócope

a. Algunos adjetivos pierden la *o* final cuando preceden al sustantivo masculino singular.

uno	*un* señor	**bueno**	*buen* ejemplo	**alguno**	*algún* evento
primero	*primer* beso	**malo**	*mal* momento	**ninguno**	*ningún* elemento
tercero	*tercer* día				

NOTA: veintiuno   *veintiún* tomates

b. Otros adjetivos que cambian su forma según su uso:

Grande pierde la sílaba *de* y significa importante o famoso.

grande   ⟶   gran
gran filósofo (conocido y famoso)

Ciento pierde la sílaba *to* cuando precede al sustantivo masculino o femenino.

ciento   ⟶   cien
cien muchachas   cien payasos   cien euros

Santo pierde la sílaba *to* cuando precede a los sustantivos masculinos excepto los que comienzan con *To* o *Do*.

Santo Tomás	Santo Domingo	San Teodoro	San Dimas
Santo Tomé	Santo Donato	San Teófilo	San Agustín
Santo Toribio	Santo Dominic Savio	San Timoteo	San Antonio

NOTA: La forma *Santa* es invariable: Santa Margarita, Santa Cecilia, Santa Teresa, Santa Rosa.

Cualquiera pierde la *a* final cuando precede al sustantivo masculino o femenino.

cualquier conductor   un conductor cualquiera, una conductora cualquiera
cualquier actor/cualquier actriz   un actor cualquiera, una actriz cualquiera

3. **Uso de dos o más adjetivos**

Cuando dos o más adjetivos modifican a un sustantivo, uno puede precederlo y el otro puede seguirlo. El que precede es el adjetivo en el cual se pone más énfasis.

un viejo castillo moro
una inteligente muchacha peruana
una gran universidad moderna

A veces los adjetivos se colocan detrás del sustantivo, unidos con la conjunción *y* o separados por una coma.

la ventana estrecha y luminosa
una torre alta y majestuosa
el desierto árido, seco, interminable

4. **Adjetivo como sustantivo**

El adjetivo acompañado del artículo definido se emplea como sustantivo.

El viejo tiene mucha sabiduría.
Los jóvenes disfrutan de las vacaciones de verano.
Los perezosos no tendrán éxito.
Las feministas piden igualdad de derechos y de sueldo.

5. El neutro

El adjetivo masculino con el artículo neutro *lo* se convierte en sustantivo abstracto. Se usa como sujeto.

> *Lo inútil* es tratar de razonar con fanáticos.
> *Lo fantástico* es llegar a la Luna.
> *Lo eficaz* es repasar el nuevo vocabulario cada día.
> No hagas solamente *lo práctico*.

 Ejercicios de comprobación ....

A. Escribir la forma apropiada del adjetivo entre paréntesis.

1. _____ (ciento) páginas

2. _____ (alguno) día

3. _____ (ciento veintiuno) euros

4. _____ (Santo) Pedro

5. _____ (medio) hora

6. el _____ (tercero) capítulo

7. mis _____ (mejor) amigas

8. un libro _____ (cualquiera)

9. unas familias _____ (canadiense)

10. _____ (cualquiera) noche

11. _____ (tal) asuntos

12. unas notas _____ (mediocre)

13. una calidad _____ (inferior)

14. unos ejercicios _____ (genial)

15. unos edificios _____ (grande)

B. Escribir la forma correcta de los adjetivos y colocarlos en el lugar apropiado.

1. países (cierto, subdesarrollado) _____

2. el capítulo (tercero, gramatical) _____

3. huracán (uno, terrible, desastroso) _____

4. tardes (mucho, largo, caluroso) _____

5. amistades (otro, fiel, dedicado) _____

6. médicas (alguno, inglés) _____

7. cosas (poco, interesante) _____

8. La Guerra (Segundo, Mundial) _____

9. cacique (alguno, taíno) _____

10. mujeres (un, iraní) _____

11. rimas (tal, sonoro) _____

12. páginas (ciento, seleccionado) _____

13. la comida (último, ligero) _____

14. soluciones (varios, comprensible, sencillo) _____

_____

15. persona (cada, conservador) _____

• • • • • •

II. Los adverbios

Ejemplos

La anciana regresa *lentamente* a su casa.
El soldado cumple *fielmente* las órdenes.
Juan Luis habla inglés *perfectamente*.
Ayer, me encontré con Paco.
¿*Ya* has terminado tu trabajo?
Normalmente, lo hacemos de esta manera.
El aceptó la invitación *sumamente* gustoso.
Ella ha vivido *allí* toda su vida.
¿Vendrán ellos *luego*?
Después de jugar al tenis, José Ángel está *muy* cansado.
—¿Cómo fue el viaje a Cuba? —*Bastante bien*.

Los compramos *aquí*.
La oficina de correos está *allí enfrente*.
Él vive *arriba* y yo vivo *abajo*.
¡Niño, ven *acá*!
¡Vayan *allá*, que los esperan los abuelos!
Él habla *muy bien*, pero yo hablo *muy mal*.
He comido *demasiado*; ¡voy a explotar!
Él es *poco* cortés.
Se levanta *temprano* en el invierno.

Ejercicio de reflexión ....

Escribir el adverbio apropiado.

1. Nosotros estudiamos _____, no allí.

2. Hay muy pocos árboles allí _____ en las montañas, pero aquí abajo
   hay muchos.

3. Anoche me acosté _____ y, ahora, tengo mucho sueño.

4. Alicia estudia mucho, pero Luisa, al contrario, estudia _____.

5. La niña sube la escalera rápidamente mientras su abuela la sube _____.

6. Ayer, compré esta bicicleta, pero la voy a vender _____ al mediodía.

....

Formación

El adverbio modifica los verbos, los adjetivos u otros adverbios.

Normalmente, los adjetivos que terminan en -o forman el adverbio añadiendo -*mente* a la forma femenina.

Adjetivo	Adverbio	Adjetivo	Adverbio
cómodo	cómod*amente*	cuidadoso	cuidados*amente*
franco	franc*amente*	peligroso	peligros*amente*
rápido	rápid*amente*	desafortunado	desafortunad*amente*
curioso	curios*amente*	desesperado	desesperad*amente*
malo	mal*amente*	lento	lent*amente*

Los adjetivos que terminan en -*e* o en consonante añaden la terminación -*mente*.

Adjetivo	Adverbio	Adjetivo	Adverbio
feliz	feliz*mente*	ágil	ágil*mente*
natural	natural*mente*	sutil	sutil*mente*
paciente	pacient*emente*	especial	especial*mente*
cortés	cortés*mente*	feroz	feroz*mente*

NOTA: Delante de los participios pasados, *recientemente* se transforma en *recién*:

el *recién nacido*　　　　la *recién llegada*　　　　los *recién graduados*

Cuando varios adverbios que terminan en -*mente* se siguen, sólo lleva la terminación -*mente* el último; los demás llevan la forma femenina.

El bailarín baila *artística* y *elegantemente*.
El ladrón entró en la casa *rápida* y *silenciosamente*.

Explicación

Fíjese en los diferentes tipos de adverbio:

1. Adverbios de modo: contestan la pregunta *¿Cómo?*

2. Adverbios de lugar: contestan la pregunta *¿Dónde?*

3. Adverbios de tiempo: contestan la pregunta *¿Cuándo?*

4. Adverbios de cantidad: contestan la pregunta *¿Cuánto?*

5. Adverbios de afirmación, de negación, de duda y de orden.

Usos

1. Adverbios de modo contestan la pregunta *¿Cómo?*

bien	regular	rápidamente
mal	tan	felizmente
mejor	más	abiertamente
peor	menos	tristemente

El coche funciona *mal*.

El niño me contestó *cortésmente*.

Se vistió *elegantemente*.

Está *peor* ahora.

Ella canta y baila *mejor* que yo.

Siempre conduzco con cuidado.

2. Adverbios de lugar contestan la pregunta *¿Dónde?*

aquí:	en este lugar cercano
acá:	en este lugar, impreciso (a veces empleado con el verbo *venir*)
ahí:	en ese lugar específico o impreciso en la distancia
allí:	en aquel lugar específico más lejano
allá:	en aquel lugar impreciso (a veces empleado con verbos de movimiento)

cerca	≠	lejos	enfrente	≠	detrás
arriba	≠	abajo	delante	≠	detrás
afuera	≠	adentro	encima	≠	debajo
junto	≠	aparte			

Los estudiantes juegan al fútbol *afuera*.

Aquí se habla español.

El centro audiovisual está *arriba* y las oficinas del departamento de idiomas están *abajo*.

3. Los adverbios de tiempo contestan la pregunta *¿Cuándo?*

hoy	después	jamás
ayer	entonces	ya
anteayer	luego	aún
mañana	tarde	todavía
ahora	temprano	cuando
anoche	siempre	mientras
antes	nunca	
apenas	pronto	

Ayer, fui a pasear por el centro comercial.

Vamos a salir *pronto* para las islas Canarias.

Apenas llegas y te quieres ir. (al punto que)

4. Adverbios de cantidad contestan la pregunta *¿Cuánto?*

bastante	cuanto	menos	muy	nada
demasiado	mucho	sumo	tan	algo
tanto	más	casi	poco	apenas

Apenas he visto a mi primo. (Casi no he visto a mi primo.)

No como *nada* porque no tengo hambre.

Me gustan *mucho* los zapatos de piel.

Ella se arregla *bastante* bien.

El chico es *poco* sociable.

5. Adverbios de afirmación, de negación, de duda y de orden.

a. *de afirmación:* sí, cierto, también, ciertamente, claro

Es *cierto* que ella es neuróloga.

Ellos *también* reciben ayuda del gobierno local.

b. *de negación:* no, nunca, ni, tampoco, jamás

No como *nunca* langosta.

Él *no* ha ido *jamás* a Tierra del Fuego.

c. *de duda:* quizá(s), acaso, tal vez
   Quizá(s) venga a dar un discurso.
   ¿*Acaso* sepa ella la contestación?

d. *de orden (y de tiempo):* primeramente, sucesivamente, últimamente, antes, después
   Últimamente, ha hecho mucho frío.
   Él estudió un rato y, *después*, escribió unas cartas.

6. Frases adverbiales

de nuevo	en fin	a menudo	a escondidas	por poco
de pronto	en el acto	a lo loco	a traición	tal vez
en seguida	en resumen	a ciegas		

Tal vez sea elegido el candidato presidencial.
En el centro, hay un servicio de fotografías instantáneas donde las revelan *en el acto*.
Llamé a la ambulancia y vino *en seguida*.
Él se casó *a ciegas*.
Ellos tomaron el libro *a escondidas*.
Ustedes van a la ópera *a menudo*.

7. Las preposiciones *con, en* y *por* + el nombre (sustantivo), y la expresión *de manera* o *de modo* + el adjetivo, se emplean también como adverbios.

por instinto	→ instintivamente	en silencio	→ silenciosamente
con cuidado	→ cuidadosamente	con cariño	→ cariñosamente
con franqueza	→ francamente	con frecuencia	→ frecuentemente

El joven de Mérida contestó *con cortesía*.
El joven de Mérida contestó *cortésmente*.
El joven de Mérida contestó *de manera cortés*.

Los asistentes a la asamblea escuchan *en silencio*.
Los asistentes a la asamblea escuchan *silenciosamente*.
Los asistentes a la asamblea escuchan *de manera silenciosa*.

Ella obra siempre *por instinto*.
Ella obra siempre *instintivamente*.
Ella obra siempre *de manera instintiva*.

8. *Lo* + adverbio de cantidad = sustantivo

   Lo más que puede pasar es...
   Lo poco que me divertí...
   Lo mucho que disfruté en el viaje...

9. Colocación del adverbio

El adverbio suele ir después del verbo o delante de un adjetivo.

Comí *mucho* en el restaurante.   El anciano está *bastante* delicado de salud.
Esa obra de teatro es *muy* impactante. Ellos escucharon *atentamente*.

Los adverbios de duda preceden al verbo.

Quizá(s) venga mañana.   *Probablemente* llueva.
Acaso terminemos pronto.   A lo mejor habrá mucho tráfico.

✓ Ejercicios de comprobación

A. Escribir el adverbio de los adjetivos a continuación.

1. general _____
2. curiosos _____
3. excelentes _____
4. afortunadas _____
5. impacientes _____

6. feroz _____
7. sigilosa _____
8. alegres _____
9. rápido _____
10. orgullosos _____

B. Escribir una frase adverbial.

Modelo: frecuentemente   con frecuencia

1. cuidadosamente _____
2. pacientemente _____
3. tristemente _____
4. violentamente _____
5. francamente _____
6. cortésmente _____
7. cariñosamente _____
8. alegremente _____
9. profundamente _____
10. felizmente _____

C. Escribir la forma apropiada del adverbio usando el adjetivo entre paréntesis.

1. Ella habla clara y _____. (correcto)
2. El político nos saludó _____. (cortés)
3. Los niños jugaban _____ en el parque. (alegre)
4. Los estudiantes de español no hablan tan _____ como su profesora. (rápido)
5. Nuestra amiga canta bien y _____. (fácil)
6. Ella lloraba _____ y ruidosamente. (desesperado)
7. Llueve fuerte y _____. (constante)
8. Ellos viajan _____. (con lujo)
9. Los astronautas manejan la nave espacial _____. (valiente)
10. La antigua fortaleza fue construida _____. (manual)

● ● ● ● ● ● ●

III. Los comparativos

Ejemplos

Iñigo es *tan* guapo *como* Borja.

Marta canta *tan* bien *como* María del Carmen.

El perro pastor alemán es *más* grande *que* el chihuahua, pero el perro danés es el más grande de todos.

Clara es *más* dinámica *que* Elena, pero Cristina es la más dinámica de todas.

Él come *tanto como* yo.

Margarita tiene *tantos* admiradores *como* una actriz de cine.

Mi profesor es *menos* exigente *que* el tuyo, pero el de ella es el menos exigente de todos.

Ejercicio de reflexión

Escribir oraciones gramaticalmente correctas usando los comparativos *más que* o *menos que* según el sentido de las palabras.

1. las palmas / ser / alto / los olivos

   _____

2. las casas / humilde / tener / pisos / los rascacielos

   _____

3. Antonio / ser / alto / hermanito / Luisito

   _____

4. el verano / ser / caluroso / invierno

   _____

5. la madera / ser / duro / el acero

   _____

6. el plomo / ser / pesado / la pluma

   _____

7. nosotros / comer / carne / pescado

   _____

8. la vida urbana / ofrecer / opciones / la vida rural

   _____

9. una tormenta / destruir / un huracán

   _____

10. un sillón / ocupar / espacio / un sofá

    _____

Lección 11

Explicación

Las comparaciones son de desigualdad o de igualdad.

A. Comparación de desigualdad (superioridad o inferioridad)

1. Comparación de superioridad (+):

más	+	sustantivo adjetivo adverbio	+	que

Hay *más* chicas *que* chicos en esta organización.
José es *más* despierto *que* Ramón.
Ella corre *más* rápidamente *que* su hermano.

2. Comparación de inferioridad (-):

menos	+	sustantivo adjetivo adverbio	+	que

Hay *menos* días en febrero *que* en marzo.
El rugby es *menos* popular en los EE.UU. *que* en Europa.
Él escribe *menos* cuidadosamente *que* ella.

Adjetivos y adverbios irregulares en la forma comparativa:

Adjetivo	Forma comparativa
bueno	mejor
malo	peor
pequeño (tamaño)	menor
joven (edad)	menor
grande (tamaño)	mayor
viejo (edad)	mayor

Adverbio	Forma comparativa
bien	mejor
mal	peor

Sus notas son *buenas*, pero las de Susana son *mejores*.
Paco juega al golf *mejor* que yo.
No hacer ejercicio es *malo*, pero fumar es *peor* para la salud.

NOTA: Generalmente, los adjetivos comparativos *mejor* y *peor* preceden al sustantivo; *mayor* y *menor* lo siguen:

Mi mejor amigo...   Su hermana mayor...

El peor resultado...   Nuestro hijo menor...

NOTA: Otras expresiones usadas para expresar comparación son:

lo mismo que	=	igual que
de la misma manera	=	del mismo modo
semejante a	=	parecido a
inferior a	≠	superior a
anterior a	≠	posterior a

Él habla francés *igual que* yo. (con el mismo acento)
La fecha de la fundación de ese colegio es *posterior a* la de éste.
El clima de esta región es *semejante al* del norte de España.
El niño tiene un carácter muy *parecido al* de su padre.

B. Comparación de igualdad (=):

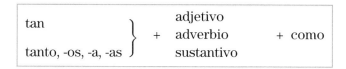

Él es *tan* inteligente *como* su hermana.
Nuestro equipo juega *tan* bien *como* el de ellos.
Yo tengo *tanto* dinero *como* tú.
Esta receta necesita *tanta* harina *como* azúcar.
Tu casa tiene *tantas* puertas *como* la nuestra.

NOTA: *Tanto como* se usa después de un verbo para expresar una cantidad indefinida.
Yo leo *tanto como* tú.
Ella aprende *tanto como* él.
Tanto monta, monta tanto, Isabel como Fernando.

 Ejercicios de comprobación ....

A. Escribir un comparativo de desigualdad según los símbolos + (más) o - (menos).

1. Él es tan simpático como su hermana. (-)

   _____

2. Tú bailas tan bien como José. (+)

   _____

3. El profesor tiene tantos años como mi padre. (+)

   _____

4. Rosa tiene tantas amigas como su prima. (-)

   _____

5. Este coche es tan bueno como el mío. (+)

   _____

6. Esos jóvenes tienen que trabajar tanto como nosotros. (-)

   _____

7. Aquel señor tiene tanto dinero como su padre. (+)

_____

8. Ayer, hacía mucho calor y yo tomé tantos refrescos como tú. (+)

_____

9. Yo comí tantas fresas como mi compañero. (-)

_____

10. Él es tan conservador como yo. (-)

_____

B. Escribir un comparativo de igualdad. (=)

1. Un abogado habla más que un médico.

_____

2. Mi madre compra más ropa que yo.

_____

3. ¿Quién habla mejor que ese político?

_____

4. El palacio del conde tiene más habitaciones que este hotel.

_____

5. En algunos países Cervantes es más famoso que Shakespeare.

_____

6. ¿Habrá más santas que santos?

_____

7. Ese pobre tiene más hambre que cualquier desahuciado.

_____

8. Nadie puede ser peor que ese sinvergüenza.

_____

9. Este arquitecto construyó más museos de arte moderno que los otros.

_____

10. ¿Tu padre es más bajo que tú?

_____

• • • • • •

IV. Los superlativos

Hay dos clases de superlativos: el superlativo relativo y el superlativo absoluto.

A. *El superlativo relativo* expresa la cualidad de grado superior con relación a otras cosas o personas. Los artículos *el, los, la* o *las* preceden al comparativo *más* o *menos*. En el superlativo la conjunción *que* de la forma comparativa se sustituye por la preposición *de*.

> El avión supersónico es *el más* rápido *de* todos los aviones.
> Los huracanes del Caribe son *los más* destructivos *de* este hemisferio.
> La Ciudad de México es la ciudad *más poblada de* América.
> El flamenco es el baile *más típico de* España.
> El mosquito es el insecto *menos apreciado de* todos.

B. *El superlativo absoluto* expresa la cualidad en su grado máximo. Se forma sustituyendo la terminación del adjetivo por *-ísimo (-a, -os, -as)*.

> Esa actriz es *guapísima*.   Los pingüinos son *monísimos*.
> Se acostó *tardísimo*.   Él está *malísimo*.
>   El pico del Aconcagua es *altísimo*.

Los adjetivos o adverbios que terminan en *-co* cambian la *c* por *qu*.

> Ese payaso es *comiquísimo*.   El flan es *riquísimo*.   La coordinadora es *simpatiquísima*.

Los que terminan en *-ble* cambian la terminación *-le* por *-ilísimo (-a, -os, -as)*.
La bibliotecaria es una señora *amabilísima*.

NOTA: Otra manera de expresar el superlativo en lenguaje popular es con el uso del prefijo *re-, rete-* o *requete-*.
> Ese arroz está *requetebueno*.
> Es una recepcionista *requetepesada*.
> Está *rechula*. (uso mexicano)

Ejercicios de comprobación

A. Escribir el superlativo absoluto.

1. bueno	_____	6. feliz	_____
2. guapo	_____	7. simple	_____
3. amable	_____	8. mal	_____
4. mucho	_____	9. pronto	_____
5. rico	_____	10. cerca	_____

B. Escribir una oración con el superlativo relativo.

> **Modelo:** física / asignatura / difícil / universidad
> La física es la asignatura más difícil de la universidad.

1. lectura / difícil / libro

   _____

2. fiesta / divertido / año

   _____

3. verano / estación / bueno / año

   _____

4. julio / mes / caluroso

   _____

5. cuadro / famoso / museo

   _____

6. fútbol / deporte / popular / país

   _____

• • • • • •

V. Repaso

Ejercicios de repaso

A. Escribir el superlativo absoluto.

1. fácil	_____	6. lento	_____
2. malo	_____	7. poco	_____
3. responsable	_____	8. grande	_____
4. interesante	_____	9. pequeño	_____
5. fresco	_____	10. frecuente	_____

B. Escribir una oración comparativa según el sujeto indicado.

1. El invierno en Suecia es frío. El invierno en Finlandia es frío también.

   El invierno en Suecia _____

2. Ellos escribieron cuatro ensayos. Nosotros escribimos dos.

   Nosotros _____

3. Mi madre tiene cuarenta años. Mi padre tiene cuarenta y cinco años.

   Mi madre _____

4. Ella canta bien. Yo canto mal.

   Yo canto _____

5. El zorro corre rápidamente. El leopardo corre rápidamente.

   El zorro _____

6. Mi sobrino tiene dieciocho años. Mi sobrina tiene dieciséis años.

   Mi sobrina es _____

7. Los ingenieros ganan mucho. Algunos fontaneros ganan mucho también.

   Algunos fontaneros _____

8. Este edificio es alto. La catedral es alta también.

   Este edificio _____

9. Los diamantes valen mucho. Las perlas no valen tanto.

   Las perlas _____

10. La langosta es cara. Los mejillones son baratos.

    Los mejillones _____

11. El pollo asado es sabroso. El solomillo es sabroso también.

    El pollo _____

12. Cuesta mucho viajar en avión. No cuesta mucho viajar en autobús.

    Viajar en autobús _____

C. Cambiar la oración a la forma negativa.

1. *Siempre* preparan tamales para la fiesta de Año Nuevo.

   _____

2. *O* José *o* Miguel pasará por aquí.

   _____

3. *Algo* interesante va a ocurrir en la Plaza Mayor.

   _____

4. *Alguien* está tocando las campanas de la torre.

   _____

5. Ellos *todavía* tienen su perro pastor alemán.

   _____

6. Vieron *algunas* películas el verano pasado.

   _____

7. *Sí*, recibimos buenas notas en los exámenes.

   _____

8. Trajo *algún* tipo de fruta en la cesta.

_____

9. Ahora hay *más de* treinta mil habitantes en nuestra ciudad.

_____

10. Los profesores *también* asistieron a la reunión.

_____

D. Escribir el pronombre o adjetivo indefinido afirmativo o negativo según el sentido de la oración.

1. —¿Ves algo?   —No, no veo _____.

2. —¿Hay alguien en la oficina?   —No, no hay _____ en la oficina.

3. —¿Han escrito Uds. a algunos de los músicos?   —No, no hemos escrito a _____ de ellos.

4. —¿Escribiste todas las cartas?   —No, no he escrito _____.

5. —¿Siempre estudia Ud. en este cuarto?   —No, _____ estudio aquí.

6. —¿Cuál de estos relojes prefiere comprar Ud.?   —No me importa; déme _____.

7. —¿Está mamá algo triste?   —No, no está _____ triste.

8. —¿Cuál prefieres, el rojo o el verde?   —No prefiero _____ el rojo _____ el verde.

9. —¿Uds. quieren que nos vayamos también?   —No, no queremos que Uds. se vayan _____.

10. —¿Ha estado el general alguna vez en este pueblo?   —No, el general no ha estado _____ en este pueblo.

Actividades de comunicación creativa ....

A. Comunicación informal

1. Escribir un correo electrónico a tu futuro compañero/compañera de cuarto en un campamento de verano. Usar los superlativos que mejor describen tus rasgos personales en el ambiente de tu familia, en la escuela y en los deportes.

2. Escribir un mini mensaje a tus padres comparando tu habitación en casa con la habitación que tienes en el campamento de verano: tamaño, luz, espacio, cama, comodidades, baño, ruido, compañeros, alrededores, etc.

B. Temas para una composición

Escribir una composición de unas 15 a 20 oraciones sobre uno de los siguientes temas.

1. Escribir una comparación y usar los comparativos de desigualdad y de igualdad para hablar de las edades, la estatura, el peso, el color del pelo y de los ojos de tus abuelos, padres, hermanos, tíos, primos y demás miembros de tu familia cercana y lejana.

2. Escribir una comparación entre dos ciudades o dos pueblos pequeños. Usar los comparativos de desigualdad y de igualdad para describir la arquitectura, las calles, los museos, los parques, las comunicaciones, los transportes (aeropuertos, estaciones de trenes, etc.).

Lección 11

Las preposiciones y las conjunciones

I. Las preposiciones

Ejemplos

Veo *a* Pedro con frecuencia.

Escucho *a* Luisa.

Esta bicicleta *de* carreras es *de* él.

Estamos *en* Miami, *en* la Florida; mañana salimos *para* Texas y, después, iremos *a* California.

Él tiene que presentarse *ante* el director *del* colegio.

Nos paseamos *por* las calles *de* Lima.

Ella fue *a* su país *para* pasar las fiestas.

Estuvimos *en* la discoteca *hasta* las tres *de* la madrugada; por eso, hoy estaremos *en* la residencia estudiantil todo el día.

La testigo *de* origen hispano respondió detalladamente *a* la pregunta.

Me mira *con* mala cara.

¿Piensan hacer el viaje *en* carro, *en* avión o *en* tren?

Hizo el viaje *desde* Valladolid *hasta* Madrid en tres horas.

 ### Ejercicio de reflexión

Escribir la preposición apropiada según el sentido de la oración. Formar la contracción si es necesario.

1. No conozco _____ esa muchacha.

2. Aprendemos mucho _____ la clase _____ inglés.

3. El joven se enamoró _____ una bailarina.

4. Siéntese _____ esta silla.

5. Todos soñamos _____ ser muy ricos algún día.

6. Ella vive en una casa _____ piedra.

7. Nos gusta jugar _____ baloncesto.

8. Este fin _____ semana vamos _____ el partido _____ béisbol.

9. Leo revistas de España _____ aprender algo de la vida española.

10. El cartero trajo una carta _____ ti.

11. Pagué veinte dólares _____ un par de pantalones.

12. Él me vendió su coche _____ mil dólares.

13. Mi padre estará _____ casa esta noche a las seis.

14. Chicago está _____ Nueva York y San Francisco.

15. Los molinos de viento se convirtieron _____ gigantes.

....

Explicación

La preposición es la parte invariable de la oración que sirve para unir palabras y establecer la relación entre ellas. Cada una de las preposiciones no expresa sólo una relación, sino varias.

Las preposiciones más usadas son:

a	con	desde	entre	para	sin
ante	contra	durante	hacia	por	sobre
bajo	de	en	hasta	según	tras

Usos

1. La preposición *a* expresa

movimiento:	Vamos *a* Sacramento.
situación:	Está *a* la entrada del edificio.
tiempo:	Nos veremos *a* las ocho.
modo:	Estos objetos están hechos *a* mano.
	Vamos *a* pie.
precio:	Venden los plátanos *a* un euro el kilo.

NOTA: Se usa con complemento directo de persona.

He visto *a* Carlos.
Escuchamos *a* la maestra.

2. La preposición *de* expresa

posesión:	La blusa *de* Margarita es cara.
pertenencia:	El escritorio *del* profesor es grande.
material:	El vaso *de* cristal y el reloj *de* oro están aquí.
origen:	Soy *de* Arizona.
causa:	Sufrimos *del* calor.
modo:	Cayó *de* frente.
tiempo:	Estudiamos *de* noche.

3. La preposición *en* expresa

lugar en el tiempo:	Estamos *en* verano.
lugar en el espacio:	Estoy *en* casa.
modo:	Hablo *en* serio.
	Vamos *en* bicicleta.

4. La preposición *hasta* expresa

lugar:	El cohete llegó *hasta* la Luna.
acción:	No hay que comer *hasta* enfermarse.
tiempo:	Adiós, *hasta* mañana.
	Hasta la próxima.

5. La preposición *para* expresa

propósito:	Estudiamos *para* aprender.
destino (lugar):	Salieron *para* Australia el jueves pasado.
destino (persona):	Los bombones son *para* el niño.
uso:	—¿*Para* qué sirven estas tazas?
	—Son *para* el chocolate caliente.
límite de tiempo:	La tarea es *para* mañana.
comparación:	*Para* una niña de cinco años, sabe mucho.
opinión:	*Para* mí, sus ideas no son válidas.

6. La preposición *por* expresa

motivo:	Lo premiaron *por* haber sobresalido en los estudios.
duración de tiempo:	Estudiaron *por* tres horas sin parar.
a través de:	Paseamos *por* el parque.
a lo largo de:	Anduvieron *por* la playa.
medio:	Llamó *por* teléfono.
verbo + motivo:	Salieron *por* el periódico.
sustitución:	Yo trabajé *por* mi hermano porque él estaba enfermo.
cambio, medida:	Me dio diez dólares *por* los discos.
	Tenemos que viajar a 55 millas *por* hora para llegar a tiempo.
a favor de, a causa de:	Luchó *por* sus ideales.
acción no terminada:	Nos quedan dos lecciones *por* terminar.
la voz pasiva:	El libro fue escrito *por* Gabriel García Márquez.

7. Algunas frases prepositivas que se usan como preposiciones

al final de	delante de	en dirección a
alrededor de	después de	junto a
a través de	detrás de	más allá de
debajo de	encima de	por medio de

Comparar los usos de:

bajo	debajo de
El soldado está *bajo* el mando del capitán.	Nos sentamos *debajo del* árbol.
El país se arruinó *bajo* la dictadura.	El cuarto piso está *debajo del* quinto.

ante	delante de
El empleado tuvo que ir *ante* el jefe.	*Delante de* correos hay buzones.
Los católicos se arrodillan *ante* el Papa.	Ella está *delante de* la pizarra.

NOTA: Cuando un verbo sigue a una preposición *siempre* se emplea el infinitivo, *nunca* el gerundio.

Estoy cansado *de esperar*.
Los que hacen footing no pueden vivir *sin correr* todos los días.
Insistieron *en acompañarnos*.

8. Las preposiciones y expresiones de lugar principales

hasta, a ≠ desde, de		en la cima de ≠ al pie de
en ≠ fuera de		en lo alto de ≠ en lo bajo de
sobre, encima de ≠ bajo, debajo de		a la izquierda de ≠ a la derecha de
delante de (ante) ≠ detrás de		en el interior de ≠ en el exterior de
cerca de ≠ lejos de		

al lado de	en el centro de	contra (la pared)
al final de	más allá de	en casa
en el fondo de	en la esquina de	enfrente de
en el medio de	alrededor de	

Los puntos cardinales

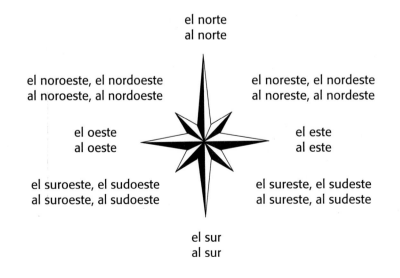

el norte
al norte

el noroeste, el nordoeste
al noroeste, al nordoeste

el noreste, el nordeste
al noreste, al nordeste

el oeste
al oeste

el este
al este

el suroeste, el sudoeste
al suroeste, al sudoeste

el sureste, el sudeste
al sureste, al sudeste

el sur
al sur

9. Algunos verbos que van acompañados por preposiciones

a	acercarse a	comenzar a	jugar a
	acudir a	decidirse a	negarse a
	animar a	dedicarse a	obligar a
	aprender a	echarse a	oponerse a
	aspirar a	enseñar a	ponerse a
	atreverse a	invitar a	resignarse a
	ayudar a	ir a	volver a

de	acabar de	disfrutar de	quejarse de
	acordarse de	enamorarse de	reírse de
	alegrarse de	encargarse de	servir de
	cansarse de	enterarse de	sufrir de
	constar de	gozar de	tener el derecho de
	deber de	haber de	tener ganas de
	dejar de	informarse de	tener la impresión de
	depender de	olvidarse de	tener miedo de
	despedirse de	pensar de (opinión)	tratar de

con	conformarse con	contar con	soñar con
	casarse con	dar con	tropezar con

por	comenzar por	interesarse por	estar por (en/a favor de)
	preocuparse por	optar por	

para	estar para (preparado)		

en	caber en	convenir en	insistir en
	confiar en	convertirse en	pensar en (reflexionar)
	consentir en	empeñarse en	quedar en
	consistir en	fijarse en	tardar en

NOTA: Los verbos *buscar, pedir, esperar, pagar, mirar* y *escuchar* no necesitan una preposición, pero hay que usar la preposición *a* si el complemento directo es una persona.

10. Algunas expresiones con preposiciones:

a	a caballo	a lo sumo
	a fines de	a menudo
	a la antigua (tradicionalmente)	a pie
	a la orilla de	a propósito

a + el + infinitivo

	al entrar	al despegar el avión
	al prender	al recibir la noticia
	al encender la luz	al terminar

de	de corazón	de mal en peor
	de acuerdo	de modo que
	de hoy en adelante	de pie

Lección 12

en	en avión	en el fondo
	en cambio	en el quinto infierno (muy lejos)
	en efecto	en la actualidad
	en voz alta/baja	en realidad

por	por casualidad	por fin	por lo visto
	por ciento	por la mañana	por nada (de nada)
	por cierto	por la tarde	por si acaso
	por consiguiente	por la noche	por si las moscas
	por eso	por lo común	por supuesto
	por favor	por lo general	por todas partes

con	con cariño	con gusto
	con énfasis	con permiso
	con cuidado	con razón

sin	sin embargo	sin ton ni son	sin más ni más

para	para siempre	para nada	para que

✓ Ejercicios de comprobación ....

A. Escribir una preposición o frase prepositiva. Formar la contracción si es necesario.

1. Ellos viven al otro lado de la calle; es decir que viven _____ nosotros.

2. Magallanes navegó _____ el mundo.

3. El avión volaba _____ la ciudad.

4. Tenemos que informarnos _____ el horario de los trenes antes de planear el viaje.

5. La Reina Isabel de Castilla se casó _____ el Rey Fernando de Aragón.

6. —Niño, no tardes mucho _____ volver a casa.

7. ¿Qué piensas _____ la juventud de hoy?

8. Ellos van al centro _____ carro, pero yo prefiero ir _____ pie.

9. Mis tíos siempre me tratan _____ cariño.

10. Se casaron y vivieron felices _____ siempre.

11. _____ lo común transmiten programas de deportes los sábados.

12. _____ entrar en la catedral notamos el cambio de temperatura.

13. Pusimos los regalos _____ la mesa.

14. No van a regresar _____ la medianoche.

15. Vivieron en París _____ el año 1990 _____ el año 2000.

16. El collar de perlas es _____ mi madre.

17. Ese muchacho duerme _____ día porque tiene que trabajar

_____ noche.

18. ¿Hablas _____ serio?

19. _____ el reinado de Felipe II, España prosperó mucho.

20. La locomotora va _____ los vagones del tren.

B. Escribir *por* o *para* según el sentido de la oración.

1. Recibí el paquete _____ correo.

2. He comprado estas flores _____ ti.

3. Tendrán el trabajo escrito _____ el lunes.

4. Ganamos un cinco _____ ciento de nuestros ahorros.

5. El Primer Ministro vino _____ el Rey porque éste tenía una entrevista importante con otros miembros del gobierno.

6. Le han dado mil dólares _____ su carro.

7. He estudiado en este colegio _____ dos meses.

8. Estábamos _____ salir cuando sonó el teléfono.

9. _____ sacar dinero del cajero automático tienes que meter una tarjeta.

10. Voy a solicitar una beca _____ seguir mis estudios en la universidad.

11. ¿A qué hora sale el tren _____ Cuzco?

12. Mi padre fue a la farmacia _____ medicinas.

13. Hicieron una excursión _____ la costa mediterránea.

14. La noticia fue publicada _____ una compañía inglesa.

15. _____ extranjero, él entiende bien nuestras costumbres.

16. ¿Qué darías _____ un helado de chocolate en este momento?

17. Su carro puede alcanzar una velocidad de 120 millas _____ hora.

18. Murieron _____ sus ideales políticos.

19. Muchas gracias _____ habernos invitado a la fiesta.

20. _____ no tener más dinero tuvo que dejar sus joyas en el Monte de Piedad.

C. Escribir *por* o *para* según el sinónimo *en letra cursiva*.

1. Muchos luchan *a favor del* movimiento feminista. _____

2. Corrieron *a lo largo de* la carretera principal. _____

3. Yo tuve que trabajar *en lugar de* mi hermano. _____

4. *A causa de* la tormenta aplazaron el partido de fútbol. _____

5. Tienen que entregar los informes *antes del* viernes.   _____

6. *Teniendo en cuenta* su edad, ese señor es muy dinámico.   _____

7. Me lo comunicaron *a través de* un email.   _____

8. Estuvo en las montañas *durante* dos semanas.   _____

9. ¿Este cheque es *destinado a* la beneficencia?   _____

10. Volvimos *a través del* parque siguiendo un atajo.   _____

D. Contestar las siguientes preguntas usando por lo menos una preposición.

1. Consulta algún mapa. ¿Dónde se ubica(n)…

    a. Puerto Rico? _____

    b. el Perú? _____

    c. la República Dominicana? _____

    d. Uruguay? _____

    e. las Islas Canarias? _____

    f. Costa Rica? _____

    g. las Islas Galápagos? _____

    h. El Salvador? _____

    i. el río Bravo? _____

    j. la Tierra del Fuego? _____

2. ¿Dónde se ubica la biblioteca pública de tu pueblo/ciudad con respecto a tu escuela?

_____

_____

3. Saliendo de tu clase de español, ¿cómo se llega a las oficinas administrativas de la escuela? ¿a los campos deportivos?

_____

_____

4. ¿Cómo has decorado tu habitación? Describe qué son y dónde se encuentran los objetos que más valoras.

_____

_____

5. Un extranjero te pregunta, ¿cuál es la ciudad más importante de tu estado y dónde está con relación a la costa, las montañas, etc.?

_____

_____

E. Escribir las preposiciones apropiadas si es necesario. Formar la contracción si es necesario.

Quisqueya (1.) _____ **el corazón**

Hace unos años, unos veinte estudiantes (2.) _____ nuestra escuela y sus tres monitores acompañantes optaron (3.) _____ hacer un viaje (4.) _____ servicio comunitario (5.) _____ la República Dominicana, o Quisqueya, como la llaman los dominicanos. La misión del grupo consistía (6.) _____ aprender algo (7.) _____ una nueva cultura, participar (8.) _____ la vida (9.) _____ los dominicanos y ayudar (10.) _____ la gente (11.) _____ alguna forma.

El itinerario constaba (12.) _____ cinco destinos diferentes, cada uno ofrecía algo distinto geográficamente. Primero, (13.) _____ familiarizarse (14.) _____ el país y su historia, pasaron unos días (15.) _____ Santo Domingo, la capital. Allí visitaron los monumentos más importantes y asistieron (16.) _____ unas clases (17.) _____ orientación… incluso una clase de merengue, el baile nacional de la isla.

Unos días después, partieron (18.) _____ el cafetal Altagracia ubicado cerca (19.) _____ el Pico Duarte. Allí comenzaron sus trabajos de voluntarios. Algunos ayudaron (20.) _____ construir una casa, otros cultivaron la tierra del monte y otros más trataron (21.) _____ embellecer y organizar la biblioteca local. (22.) _____ las noches todos se ponían (23.) _____ seleccionar granos de café, eliminando los granos que no eran de buena calidad.

El tercer lugar era Dajabón, un pueblo (24.) _____ el lado (25.) _____ la frontera (26.) _____ Haití. Allí, se dedicaron (27.) _____ preparar los abonos (28.) _____ las plantas (29.) _____ un vivero. (30.) _____ las tardes acudían (31.) _____ una pequeña comunidad donde prepararon y pintaron una cancha (32.) _____ baloncesto (33.) _____ los jóvenes que vivían cerca.

Después, fueron (34.) _____ el Centro de los Montones situado (35.) _____ Santiago y Jamico. Se habían informado (36.) _____ un plan de reforestación que estaban llevando (37.) _____ cabo en la zona. Pudieron ver el plan (38.) _____ acción. Allí, visitaron una clínica (39.) _____ el campo. Era fascinante ver (40.) _____ la gente que llegaba (41.) _____ pie, (42.) _____ moto, (43.) _____ caballo y (44.) _____ camiones (45.) _____ consultar (46.) _____ el médico o (47.) _____ los dentistas que visitaban (48.) _____ la clínica semanal o mensualmente. El médico de turno se acercó (49.) _____ el grupo (50.) _____ explicar el servicio que se les ofrecía (51.) _____ los que venían (52.) _____ busca (53.) _____ tratamientos o consejos (54.) _____ resolver sus problemas de salud.

El viaje que fue una combinación de trabajo y turismo, terminó (55.) _____ el sureste de la isla. La "guagua" los llevó (56.) _____ Bayahibe pasando (57.) _____ San Pedro de Macorís, un pueblo que ha sido el pueblo natal de muchos jugadores de béisbol famosos. (58.) _____ los últimos días, las bonitas playas ofrecieron un lugar ideal (59.) _____ reflexionar (60.) _____ la experiencia y también (61.) _____ disfrutar (62.) _____ el maravilloso Sol (63.) _____ unos días.

   (64.) _____ el final de las dos semanas, todos volvieron (65.) _____ la isla (66.) _____ la satisfacción (67.) _____ haber contribuido y dado algo (68.) _____ sí mismos, y (69.) _____ haber ganado una perspectiva más amplia (70.) _____ un lugar y una gente encantadores.

• • • • • •

II. Las conjunciones

Ejemplos

Javier *y* Ana fueron juntos al cine.
Pedro *e* Isabel fueron al teatro.
Invita a cenar a los Rubio *o* a los Suárez.
No invites *ni* a los Ruiz *ni* a los Gómez.
Comí espinacas congeladas *pero* no me gustaron.
Yo no como espinacas *sino* maíz.
Uno *u* otro tendrá que hacerlo.
Aunque llueve (está lloviendo), iremos.
No hagas las reservaciones *que* yo las he hecho ya.

No llames a Elisa *porque* ya viene.
Nadie contesta, *luego* no está.
No tenemos que ir a clase, *puesto* que es domingo.
Él ya ha venido, *así que* podemos salir.
El cáncer es una enfermedad seria; *no obstante* se espera encontrar una cura.
Comes mucho, *por lo tanto* engordarás.
Si llega la carta, avísame.

Ejercicio de reflexión

Completar con la conjunción más apropiada (*sino, y, o, ni... ni, aunque, así que, porque, ya, por lo tanto*).

1. Mañana iré a la escuela _____ no me sienta del todo bien.

2. Ellos no viajan en avión _____ en transatlántico.

3. Se me olvidó traer dinero, _____ pagaré con la tarjeta de crédito.

4. Este atleta ganó la medalla de oro _____ es el mejor corredor olímpico.

5. No te preocupes por llamar a los bomberos; yo _____ los llamé y están en camino.

6. El agua de la piscina está muy fría, _____ no nos bañaremos.

7. —¿Qué prefiere Ud.: pastel _____ helado?

   —_____ el uno _____ el otro.

8. Durante la fiesta bailasteis _____ os divertisteis.

Explicación

La conjunción es una parte invariable de la oración que sirve para enlazar oraciones o partes de la oración.

Las conjunciones se dividen en dos grupos: coordinantes y subordinantes.

Las conjunciones coordinantes unen dos elementos de la misma clase (complementos, sujetos o verbos).

y (e)	ni	sino	que (coordinante o subordinante)
o (u)	pero	mas	

Usos

1. y (e)   *e* sustituye a *y* cuando la palabra siguiente empieza por *i* o *hi*.

Mi hermana *y* yo iremos a la fiesta.
Los Sres. de Sosa *e* hijos están invitados.
Cuando el huracán ruge *y* silba, arrasa con todo.

2. o (u)   *u* sustituye a *o* cuando la palabra siguiente empieza por *o* u *ho*.

Lo hará él *o* ella.
Uno *u* otro vendrá mañana.
No sé si fue niño *u* hombre.

Lección 12

3. *ni*	No tengo *ni* papel *ni* pluma.
4. *pero*	Me gustan todos los mariscos, *pero* prefiero la langosta.
5. *sino*	No me gusta el café, *sino* el té.
6. *sino que*	No quiere que hablemos, *sino que* nos callemos.
7. *mas*	Sinónimo de *pero*. Se usa normalmente en lenguaje literario.
	Quiso venir, *mas* no pudo.
8. *que*	No subas *que* ya bajo yo.
	El profesor dice *que* vayas.

Las conjunciones subordinantes establecen la dependencia de una o más oraciones con relación a otra.

porque	puesto que	luego	conque	como	apenas
pues	ya que	así pues / que	si	aunque	

Usos

1. *porque*	No canta *porque* le duele la garganta.
2. *pues*	No te gusta, *pues* no lo comas.
3. *puesto que*	No pudieron poner el coche en marcha *puesto que* no tenía gasolina.
4. *ya que*	Nos vamos *ya que* es la hora.
	Ya que estás aquí, ayúdame.
	Ya que no estudias tú, deja estudiar a tu compañero.
5. *luego*	Pienso, *luego* existo.
	No está, *luego* no ha llegado.
6. *así pues / que*	sinónimo = por lo cual, de modo que
	en consecuencia, de manera que
	Tengo que vender el coche, *así pues / que* decide si lo quieres o no.
7. *conque*	No sabes el vocabulario, *conque* (de modo que) estúdialo.
	(muy coloquial)
	Conque ya sabes: si no estudias no podrás participar en la clase.
	Conque, ¿lo estudiarás o no lo estudiarás?
	Conque lo estudiaste, ¿eh?
8. *si*	Ponte a dieta; *si* no, no te servirá la ropa.
	Si ése es campeón, ¡yo soy Premio Nobel!
	Si tuviera dinero, compraría un coche.
	Compraré un coche *si* bajan los precios.
	Él toca la guitarra como *si* fuera discípulo de Andrés Segovia.

9. *como*   Te compro una bicicleta a ti *como* la que le compré a tu hermano.
Asistió a la boda *como* testigo.
Como vendrá cansado, no querrá comer.
Como ha terminado el concierto, nos vamos.
Verás *como* no viene.

> **NOTA:** *Cual* equivale a *como* en lenguaje poético.
> El toro, *cual* minotauro resucitado, embistió al torero.

10. *aunque*   *Aunque* soy español, vivo en América. (cierto)
Ella lo comerá *aunque* no le guste. (hipotético)
Aunque es un buen atleta, no le gustan los deportes. (cierto)

11. *apenas*   *Apenas* (inmediatamente que) llegó, se puso a escribir.
Apenas (en seguida que) salió, empezó a llover.

Las frases conjuntivas:

Una frase conjuntiva es una combinación o grupo de palabras que sirve en la oración como conjunción. Algunas frases conjuntivas de uso frecuente:

no obstante	fuera de	a pesar de
con todo	excepto que (salvo)	por lo tanto
	por consiguiente	sin embargo

 Ejercicios de comprobación ....

A. Completar con la conjunción más apropiada (*aunque, si, pero, y(e), sino, conque, luego, que*).

1. Salió temprano, _____ no logró llegar a tiempo.

2. Ellas, _____ son jóvenes, son muy razonables y disciplinadas.

3. _____ tuviera un millón de dólares compraría una isla en el Caribe.

4. ¿Piensas que Fernando _____ Isabel se amaron?

5. Preferimos coser nuestros propios vestidos, _____ la falta de tiempo nos lo impide.

6. ¡Paquito, tendrás que comer las legumbres _____ no te gusten!

7. No quiero morir joven, _____ quiero vivir hasta los noventa.

8. Todos estamos listos para salir, _____ ¡apúrate y acaba de cerrar tu maleta!

9. Hace mucho calor, _____ habrá que encender el aire acondicionado.

10. Ven acá, _____ quiero que conozcas a estos amigos italianos.

B. Terminar las oraciones de manera original.

1. Gasta dinero como _____

2. Me encantan los platos mexicanos, pero _____

3. No es necesario que durmamos, sino que _____

4. Llegué tarde aunque _____

5. Está nevando, así que _____.

6. Enciende la lámpara, ya que _____.

7. No irán de vacaciones en agosto sino _____.

8. Iremos a la fiesta puesto que _____.

9. Nosotros viajaremos a pesar de _____.

10. Ella tiene miedo de que _____.

• • • • • •

III. Repaso

Ejercicios de repaso

A. Escribir la forma apropiada del adjetivo y colocarlo en el lugar que corresponda.

Modelo: (hábil) _____ artesanos _____hábiles_____

1. (otro) _____ personas _____

2. (japonés) _____ habitantes _____

3. (veintiuno) _____ días _____

4. (cariñoso) _____ abuela _____

5. (varios) _____ problemas _____

6. (fatal) _____ accidentes _____

7. (alguno) _____ país _____

8. (fértil) _____ regiones _____

9. (trabajador) _____ peluqueras _____

10. (cada) _____ individuo _____

11. (caro) _____ precios _____

12. (quinientos) _____ páginas _____

13. (español) _____ señoras _____

14. (feroz) _____ animales _____

15. (extranjero) _____ idiomas _____

B. Escribir el superlativo absoluto.

Modelo: guapo _____guapísimo_____

1. cómico _____

2. lento _____

3. pequeñas _____

4. fea   _____

5. poco   _____

6. correcto   _____

7. fácil   _____

8. cara   _____

9. rápido   _____

10. simpáticos_____

C. Cambiar la oración de un comparativo de igualdad a un comparativo de desigualdad o vice versa, según los símbolos (+), (-) o (=).

Modelo: Ellos tienen tantas ideas como nosotros. (+)
            Ellos tienen más ideas que nosotros.

1. El jefe es más trabajador que los empleados. (=)

_____

2. Este vestido es tan feo como el otro. (+)

_____

3. Los niños cantan mejor que los mayores. (=)

_____

4. Tú tienes más paciencia que yo. (=)

_____

5. Su hermana es menos alta que la mía. (=)

_____

6. El nuevo plan es peor que el viejo. (=)

_____

7. Ella ha leído tanto como tú. (-)

_____

8. Mi compañero gasta tanto como yo. (-)

_____

9. En este lago, hay más lanchas de motor que barcos de vela. (=)

_____

10. Hay menos mosquitos en julio que en agosto. (=)

_____

11. Hizo tanto frío este invierno como durante el invierno pasado. (+)

_____

12. Tienes tantos años como yo. (-)

_____

Lección 12

13. Este año, ha habido tantos turistas en España como en Italia. (+)

_____

14. Hay tantas diversiones en esta ciudad como en la otra. (-)

_____

15. La Argentina exporta más carne que Texas. (=)

_____

 ## Actividades de comunicación creativa ....

A. Comunicación informal

1. Escribir un email en el que le das instrucciones para llegar a tu casa a un amigo de California que viene con sus padres a visitarte durante las vacaciones. Al llegar al aeropuerto más cercano, van a alquilar un carro. Tus instrucciones deben empezar de allí.

2. Preparar apuntes para una presentación que vas a dar esta semana en tu clase de español. El tema es "Las dificultades que tienen los adolescentes de hoy". Usar varias conjunciones para organizar y unir tus ideas.

B. Temas para una composición

Escribir una composición de unas 15 a 20 oraciones sobre uno de los siguientes temas.

1. Ensayo creativo inspirado en un tema favorito. Usar la imaginación. Usar las preposiciones *por* y *para* y subrayar cada uso de la preposición o de la expresión prepositiva.

2. Un retrato del ciudadano multinacional o multicultural del Siglo XXI

3. Las ventajas de ser bilingüe

4. La persona que más admiro y por qué

Más sobre los verbos

I. Los verbos que se usan con complementos indirectos como *gustar*

Ejemplos

A mí *me gusta el café con leche.*

¿Qué *te parece* a ti *este secador de pelo?*

A ella *le gusta cantar en italiano.*

A nosotros *nos gustan las frutas tropicales.*

A mí *me duele la garganta.*

A Uds. *les duelen las piernas* cuando corren el maratón.

A ellos *les encanta esa película mexicana.*

A nosotros *nos entusiasman los triunfos de nuestro equipo.*

A mis padres *les fastidia que yo llegue tarde.*

A ti *te hacen daño los mariscos.*

A ella *le sienta* muy bien *ese color de pelo.*

Explicación

Con ciertos verbos el complemento de persona se repite para poner mayor énfasis en la frase o para darle mayor expresividad. En esos casos, el sujeto va al final de la oración. El uso de esta forma es muy frecuente en español. Normalmente, estos verbos se conjugan en la tercera persona singular o plural.

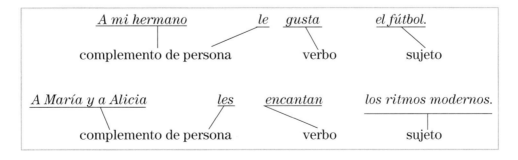

A mi hermano   _le_   _gusta_   _el fútbol._

complemento de persona   verbo   sujeto

A María y a Alicia   _les_   _encantan_   _los ritmos modernos._

complemento de persona   verbo   sujeto

Otros verbos de uso frecuente que se conjugan como el verbo *gustar*:

importar	encantar	sorprender	agradar
aburrir	doler	tocar	bastar
convenir	faltar	extrañar	fascinar
parecer	quedar	molestar	hacer falta
resultar	sobrar	interesar	quedar
hacer daño	caer bien/mal	fastidiar	impresionar

 Ejercicios de comprobación ....

A. Escribir la forma del verbo y del complemento apropiado.

1. A mis amigos no (caer) _____ bien la gente tonta.

2. ¿Cuántos euros (sobrar) _____ a ti?

3. A nosotros (encantar) _____ las telenovelas.

4. ¿(molestar) _____ el ruido a tus padres?

5. A mi (fastidiar) _____ los mosquitos.

6. ¿(convenir) _____ a vosotros salir a las nueve?

7. A ellos (parecer) _____ que la película
   es fascinante.

8. A mi hermano (tocar) _____ lavar los platos.

9. A esas chicas (encantar) _____ ir de compras.

10. El aplauso del público (agradar) _____ al cantante.

B. Terminar las oraciones de manera original.

1. Siempre me (sorprender) _____

2. Fue al dentista porque le (doler) _____

3. Durante las fiestas nos (fascinar) _____

4. No asistieron al partido porque les (faltar) _____

5. A mi mejor amigo le (importar) _____

6. Cuando era joven, me (molestar) _____

7. Por la noche os (resultar) _____

8. A mucha gente le (hacer daño) _____

9. Cuando visitas otro país, te (gustar) _____

10. A Silvia y a Felipe les (interesar) _____

● ● ● ● ● ●

II. Los verbos defectivos (impersonales)

Ejemplos

Según el meteorólogo, mañana *va a llover*.
Hiela mucho en el invierno.
Cuando hay tormenta, *truena*.
En las tormentas tropicales *relampaguea* mucho.
En la Nueva Inglaterra *nieva* en el invierno.
Cuando *graniza*, se pierden las cosechas.

Explicación

Los verbos defectivos o impersonales se conjugan únicamente en la tercera persona del singular. Se conjugan en todos los tiempos.

Las conjugaciones de estos verbos:

Infinitivo	Presente	Subjuntivo	Pretérito	Futuro
llover	llueve	llueva	llovió	lloverá
helar	hiela	hiele	heló	helará
tronar	truena	truene	tronó	tronará
relampaguear	relampaguea	relampaguee	relampagueó	relampagueará
nevar	nieva	nieve	nevó	nevará
granizar	graniza	granice	granizó	granizará

Ejercicios de comprobación

Conjugar los verbos impersonales entre paréntesis.

1. En esta zona _____ (tronar) y _____ (relampaguear) siempre en agosto.

2. Nos alegra que hoy _____ (nevar) y no tengamos clases.

3. Podemos patinar sobre la superficie del lago cuando _____ (helar).

4. Los campesinos temen que _____ (granizar) y se arruine la cosecha.

5. En Bariloche siempre _____ (nevar) y se puede esquiar.

6. Esperemos que no _____ (llover) el día de la graduación.

7. Piensan que _____ (llover) mucho durante la próxima primavera.

8. Cuando _____ (tronar), mi perro se asusta y se esconde debajo de la mesa.

9. Siempre llevo un paraguas y un impermeable si _____ (llover).

10. El conductor tiene miedo que _____ (helar) y que la carretera esté peligrosa.

III. El verbo *soler*

Ejemplos

Él *suele* llegar tarde.

Solía haber menos contaminación que ahora.

Él *solía* viajar a España todos los veranos.

Los ejecutivos *suelen* tener carros del último modelo.

Yo *suelo* nadar una hora al día.

Explicación

El verbo *soler* es un verbo auxiliar que únicamente se conjuga en el presente e imperfecto del indicativo y también en el presente e imperfecto del subjuntivo. (Véanse págs. 1 – 4, 38 – 41, 73 – 84 y 86 – 88.)

• • • • • •

IV. El uso del infinitivo como sustantivo

Ejemplos

Vivir es gozar.

El saber no ocupa lugar.

El cantar alegra los corazones.

El sonar de las campanas atrae a los transeúntes.

El comer es necesario para vivir.

Explicación

El infinitivo con el artículo (y a veces sin él) hace las funciones del nombre sustantivo.

V. Los adjetivos y sustantivos derivados del infinitivo

Ejemplos

El *caminante* atravesó el valle a pie.

Los *amantes* de Verona fueron Romeo y Julieta.

*En la **ardiente** oscuridad* es una obra de Buero Vallejo.

Don Quijote fue un caballero *andante*.

Recibió una nota de *sobresaliente* en el examen.

Hay muchos *hispanohablantes* en los EE.UU.

Explicación

Algunos sustantivos y adjetivos se forman añadiendo el sufijo *-ante* o *-iente* a la raíz del verbo.

Verbos en *-ar*	Verbos en *-er, -ir*
-ANTE	*-IENTE*
amar → amante	arder → ardiente
calmar → calmante	sobrevivir → sobreviviente

Algunos adjetivos se forman añadiendo el sufijo *-able* o *-ible* a la raíz del verbo.

Verbos en *-ar*	Verbos en *-er, -ir*
-ABLE	*-IBLE*
aplicar → aplicable	temer → temible

✓ Ejercicio de comprobación

Formar adjetivos de los siguientes verbos.

Modelo: andar _____andante_____

1. sobresalir _____
2. mover _____
3. errar _____
4. correr _____
5. oír (y) _____
6. chocar _____
7. poder (u) _____
8. abundar _____
9. edificar _____
10. caminar _____
11. doler _____
12. sofocar _____
13. cantar _____
14. dormir (u) _____
15. creer (y) _____
16. crujir _____

VI. Los verbos con los prefijos *sobre* y *sub* o *su(b)s*

Ejemplos

sobre + verbo (aumenta)		*sub* o *su(b)s* + verbo (disminuye)	
sobrevivir	sobrepasar	subdesarrollar	subyugar
sobresalir	sobreexcitar	subsistir	subdividir
sobrecargar	sobrecoger	subarrendar	subestimar
sobrealimentar	sobreabundar	subtitular	subalimentar
sobreentender	sobresaltar	sustraer	subcontratar

VII. Las expresiones de tiempo y duración con el verbo *hacer*

Ejemplos

Hace cuatro años que *estudio* en este colegio.
Hace dos horas que *espera* el autobús.
Hace varios meses que *se murió* su abuelo.
Hacía dos años que *vivían* en la Isla de Pinos.

Explicación

Hace + período de tiempo + *que* + presente del verbo
Expresa la duración de una acción del verbo que empezó en el pasado y continúa en el presente.

Hace + período de tiempo + *que* + pretérito del verbo
Expresa una acción que ocurrió en el pasado.

Hacía + período de tiempo + *que* + imperfecto del verbo
Expresa la duración de una acción continua en el pasado.

Escribir una frase completa con la expresión *Hace... que* según las indicaciones.

1. diez años / mi familia / comprar una casa

   _____

2. un mes / ellos / visitar el museo Reina Sofía

   _____

3. tres años / yo / estudiar español

   _____

4. media hora / tú / escribir un correo electrónico

   _____

5. un año / nosotros / vivir en esta ciudad

   _____

• • • • • •

VIII. Algunos de los verbos que se usan idiomáticamente

Ejemplos

tener	tener ganas de	tener que ver con	tener miedo de
	tener celos	tener cuidado	tener que + infinitivo
	tener vergüenza	tener éxito	tener calor / frío
	tener razón	tener lugar	tener sed / hambre
	tener prisa	tener la culpa	tener suerte
dar	dar la hora	dar de comer / beber	dar una vuelta
	dar a	darse prisa	darse cuenta de
	dar con	dar un paseo	dar en el blanco
	dar en	darse aires / lija	dar(se) por + participio pasado
hacer	hacer caso a / de	hacerse daño	hacer sol
	hacer el papel de	hacer un viaje	hacer frío / calor
	hacerse	hacer falta	hacer buen tiempo
poner(se)	ponerse de pie	poner la mesa	poner huevos
	ponerse de acuerdo	ponerse a + infinitivo	poner(se) la ropa
echar(se)	echar de menos	echar la culpa a alguien	echar al correo
	echarse a perder	echarse una siesta	echar una mirada
otros modismos	estar de acuerdo	valer la pena	pedir prestado
	estar de vuelta	prestar atención	quedar en (estar de acuerdo)

A. Completar las oraciones siguientes con el complemento y la forma apropiados del verbo.

1. A él (aburrir) _____ las películas antiguas.

2. A mí (interesar) _____ estudiar idiomas.

3. A nosotros (encantar) _____ las vacaciones.

4. A ella (doler) _____ la muela del juicio.

5. A Ud. (importar) _____ el bienestar de su familia.

6. A vosotros (caer) _____ mal ese compañero de clase.

7. A ellos (convenir) _____ trabajar más horas.

8. A mí (molestar) _____ el ruido de la circulación.

9. A Uds. (quedar) _____ dinero en el banco.

10. A ti (sorprender) _____ que él haya ganado el premio.

B. Completar con la forma apropiada del verbo defectivo entre paréntesis.

1. El meteorólogo anunció que (llover) _____ mañana.

2. (Relampaguear) _____ siempre durante las tormentas tropicales.

3. Hoy, (helar) _____ y los niños han podido patinar en el lago.

4. ¿(Nevar) _____ mucho el próximo invierno?

5. Espero que no (granizar) _____ en marzo.

6. ¿(Tronar) _____ mucho durante las tempestades en alta mar?

7. Prefiero que (nevar) _____ a que (llover) _____.

8. El agua (helarse) _____ cuando la temperatura bajó a menos de cero grados centígrados.

9. Cuando (llover) _____ bastante en abril, brotan bellas flores en mayo.

10. La familia de Lencho perdió la cosecha porque (granizar) _____.

C. Completar con un infinitivo según la oración.

1. El _____ idiomas es una ventaja en el mundo de negocios.

2. El _____ deportes es bueno para la salud.

3. El _____ al extranjero ayuda a entender otras culturas.

4. El _____ verduras también es bueno para la salud.

5. El _____ un instrumento musical ofrece horas de entretenimiento.

6. El _____ mucho dinero lleva a la ruina financiera.

7. El _____ rápidamente puede causar más accidentes.

8. El _____ aire limpio es una necesidad para todo ser humano.

9. El _____ es la vocación del maestro.

10. El _____ en bicicleta es un ejercicio excelente para todos.

D. Escribir el adjetivo o el sustantivo que corresponda.

1. Después de correr un kilómetro la temperatura era (sofocar) _____.

2. La mejor (cantar) _____ es también excepcionalmente bella.

3. Ese estudiante sacó notas (sobresalir) _____ el trimestre pasado.

4. Ella vive con una familia (poder) _____ de la capital.

5. La bella (dormir) _____ se enamoró del príncipe al despertarse.

6. El musulmán (creer) _____ reza tres veces al día y se abstiene de comer cerdo.

7. Los gitanos llevan una vida (errar) _____.

8. La llama (arder) _____ conmemora al soldado desconocido que murió durante la guerra.

9. El pasajero (sobrevivir) _____ del naufragio se llama Camilo.

10. La noticia resultó ser muy (impresionar) _____.

E. Escribir los adjetivos derivados de la raíz de los verbos a continuación.

1. aceptar _____   6. preferir _____

2. aprovechar _____   7. durar _____

3. rechazar _____   8. dirigir _____

4. soportar _____   9. mover _____

5. respetar _____   10. transferir _____

F. Escribir verbos derivados del infinitivo de los verbos a continuación con los prefijos *sub*, *su(b)s* o *sobre*.

1. arrendar _____   6. desarrollar _____

2. entender _____   7. cargar _____

3. excitar _____   8. vivir _____

4. rayar _____   9. traer _____

5. pasar _____   10. poner _____

G. Escribir *hace* o *hacía* según el sentido de la oración.

1. _____ mucho frío el día que te conocí en el Parque del Buen Retiro.

2. _____ dos años hice un viaje por las Montañas Rocosas.

3. ¿Cuánto tiempo _____ que estaban ellos en las Islas Galápagos?

4. _____ una semana que espero una llamada de mi novio. ¿Qué le pasará?

5. _____ tres años que no había regresado a mi país. ¡Por fin he regresado!

6. _____ un momento que llamaron a la puerta. ¿Quieres abrir?

7. _____ una semana que estoy a dieta y me muero de hambre.

8. _____ buen tiempo, pero de repente se nubló el cielo y cayó un aguacero.

9. ¿Cuánto tiempo _____ que no ves a tus primos de Paraguay?

10. ¡Hoy _____ un calor de miedo!

H. Escribir el modismo en la forma que corresponda al sentido de la oración y en el tiempo verbal necesario.

prestar atención	estar de acuerdo	dar en	tener éxito
echar de menos	dar de comer	tener calor	hacer falta
tener razón	tener ganas de	dar a	valer la pena

1. Hoy, yo no _____ trabajar porque estoy muy cansado.

2. Ella siempre _____; no se puede discutir con ella.

3. Nuestra habitación _____ la playa y tiene una vista maravillosa.

4. Cuando los niños están lejos de casa por mucho tiempo, ellos _____ a sus padres.

5. Si los representantes de los gobiernos no _____, no es posible resolver los problemas.

6. Si una persona persevera, es posible que _____ en su carrera.

7. No puedo hacer la comida porque me _____ unos ingredientes.

8. Cuando el primer ministro habla, los miembros del gabinete _____.

9. Cuando el efecto invernadero ocurra, nosotros _____ en exceso.

10. La manzana le _____ la cabeza a Newton.

· · · · · ·

IX. Repaso

 Ejercicios de repaso ....

A. Escribir una preposición de las listas en las páginas 192 – 200 que corresponda al sentido de la oración. Formar la contracción si es necesario.

1. Ella no conoce _____ mis hijos.

2. Los estudios universitarios, _____ mi padre, son imprescindibles.

3. Ella siempre se sienta _____ Carlos y Enrique.

4. Se dio _____ la cabeza _____ la pared.

5. El ladrón salió _____ la ventana _____ que no lo vieran.

6. Ellos han viajado _____ el oeste durante el verano.

7. Tú viviste en Nicaragua _____ la dictadura de Somoza.

8. Voy _____ la biblioteca.

9. Nosotros salimos _____ México esta tarde.

10. Dejó el libro _____ la mesa.

11. El criminal tuvo que comparecer _____ el juez.

12. Él siempre va _____ sus amigos; no _____ ellos.

B. Escribir oraciones completas y originales con las preposiciones y expresiones de lugar a continuación.

1. hasta _____

_____

2. sin _____

_____

3. en la cima de _____

_____

4. a la izquierda de _____

_____

5. al pie de _____

_____

6. cerca de _____

_____

7. por _____

_____

Lección 13

8. más allá de _____

_____

9. enfrente de _____

_____

10. en el fondo _____

_____

Actividades de comunicación creativa

A. Comunicación informal

1. Escribir un mini mensaje a tu madre en el que le dices por qué necesitas ir al médico.

2. Escribir un correo electrónico a tu mejor amigo/amiga en el que le describes el tipo de alergia que tuviste durante el fin de semana y los síntomas o la reacción de tal alergia.

B. Temas para una composición

Escribir una composición de unas 15 a 20 oraciones sobre uno de los siguientes temas.

1. Las razones por las cuales te gusta o no te gusta la moda de este año (colores, diseños, estilos, tamaños, zapatos, gorras, etc.)

2. El clima de las diferentes estaciones en donde vives (usar los verbos defectivos o impersonales : llover, nevar, helar, tronar, etc.)

Tablas de verbos

Las conjugaciones de los verbos *hablar*, *comer* y *vivir* van completas (tiempos simples y compuestos). Los demás, que van en orden alfabético, se han conjugado solamente en los tiempos simples. Se han seleccionado verbos de uso frecuente y cuyas irregularidades sirven de modelo para otros verbos.

TIEMPOS SIMPLES

Infinitivo	Indicativo				
Infinitivo	Participios	Presente	Pretérito	Imperfecto	Futuro
hablar	hablando hablado	hablo hablas habla hablamos habláis hablan	hablé hablaste habló hablamos hablasteis hablaron	hablaba hablabas hablaba hablábamos hablabais hablaban	hablaré hablarás hablará hablaremos hablaréis hablarán
comer	comiendo comido	como comes come comemos coméis comen	comí comiste comió comimos comisteis comieron	comía comías comía comíamos comíais comían	comeré comerás comerá comeremos comeréis comerán
vivir	viviendo vivido	vivo vives vive vivimos vivís viven	viví viviste vivió vivimos vivisteis vivieron	vivía vivías vivía vivíamos vivíais vivían	viviré vivirás vivirá viviremos viviréis vivirán

TIEMPOS COMPUESTOS

Infinitivo	Indicativo		
Infinitivo	Presente Perfecto	Pluscuamperfecto	Futuro Perfecto
hablar	he hablado has hablado ha hablado hemos hablado habéis hablado han hablado	había hablado habías hablado había hablado habíamos hablado habíais hablado habían hablado	habré hablado habrás hablado habrá hablado habremos hablado habréis hablado habrán hablado
comer	he comido has comido ha comido hemos comido habéis comido han comido	había comido habías comido había comido habíamos comido habíais comido habían comido	habré comido habrás comido habrá comido habremos comido habréis comido habrán comido
vivir	he vivido has vivido ha vivido hemos vivido habéis vivido han vivido	había vivido habías vivido había vivido habíamos vivido habíais vivido habían vivido	habré vivido habrás vivido habrá vivido habremos vivido habréis vivido habrán vivido

TIEMPOS SIMPLES			
Condicional	**Imperativo**	**Subjuntivo**	
Condicional	**Imperativo**	**Presente**	**Imperfecto**
hablaría		hable	hablara, -se
hablarías	habla	hables	hablaras, -ses
hablaría	hable	hable	hablara, -se
hablaríamos	hablemos	hablemos	habláramos, -semos
hablaríais	hablad	habléis	hablarais, -seis
hablarían	hablen	hablen	hablaran, -sen
comería		coma	comiera, -se
comerías	come	comas	comieras, -ses
comería	coma	coma	comiera, -se
comeríamos	comamos	comamos	comiéramos, -semos
comeríais	comed	comáis	comierais, -seis
comerían	coman	coman	comieran, -sen
viviría		viva	viviera, -se
vivirías	vive	vivas	vivieras, -ses
viviría	viva	viva	viviera, -se
viviríamos	vivamos	vivamos	viviéramos, -semos
viviríais	vivid	viváis	vivierais, -seis
vivirían	vivan	vivan	vivieran, -sen

TIEMPOS COMPUESTOS		
Condicional	**Subjuntivo**	
Condicional Perfecto	**Presente Perfecto**	**Pluscuamperfecto**
habría hablado	haya hablado	hubiera, -se hablado
habrías hablado	hayas hablado	hubieras, -ses hablado
habría hablado	haya hablado	hubiera, -se hablado
habríamos hablado	hayamos hablado	hubiéramos, -semos hablado
habríais hablado	hayáis hablado	hubierais, -seis hablado
habrían hablado	hayan hablado	hubieran, -sen hablado
habría comido	haya comido	hubiera, -se comido
habrías comido	hayas comido	hubieras, -ses comido
habría comido	haya comido	hubiera, -se comido
habríamos comido	hayamos comido	hubiéramos, -semos comido
habríais comido	hayáis comido	hubierais, -seis comido
habrían comido	hayan comido	hubieran, -sen comido
habría vivido	haya vivido	hubiera, -se vivido
habrías vivido	hayas vivido	hubieras, -ses vivido
habría vivido	haya vivido	hubiera, -se vivido
habríamos vivido	hayamos vivido	hubiéramos, -semos vivido
habríais vivido	hayáis vivido	hubierais, -seis vivido
habrían vivido	hayan vivido	hubieran, -sen vivido

Tablas de verbos

Infinitivo		Indicativo			
Infinitivo	Participios	Presente	Pretérito	Imperfecto	Futuro
andar	andando andado	ando andas anda andamos andáis andan	anduve anduviste anduvo anduvimos anduvisteis anduvieron	andaba andabas andaba andábamos andabais andaban	andaré andarás andará andaremos andaréis andarán
averiguar	averiguando averiguado	averiguo averiguas averigua averiguamos averiguáis averiguan	averigüé averiguaste averiguó averiguamos averiguasteis averiguaron	averiguaba averiguabas averiguaba averiguábamos averiguabais averiguaban	averiguaré averiguarás averiguará averiguaremos averiguaréis averiguarán
buscar	buscando buscado	busco buscas busca buscamos buscáis buscan	busqué buscaste buscó buscamos buscasteis buscaron	buscaba buscabas buscaba buscábamos buscabais buscaban	buscaré buscarás buscará buscaremos buscaréis buscarán
caber	cabiendo cabido	quepo cabes cabe cabemos cabéis caben	cupe cupiste cupo cupimos cupisteis cupieron	cabía cabías cabía cabíamos cabíais cabían	cabré cabrás cabrá cabremos cabréis cabrán
caer	cayendo caído	caigo caes cae caemos caéis caen	caí caíste cayó caímos caísteis cayeron	caía caías caía caíamos caíais caían	caeré caerás caerá caeremos caeréis caerán
cerrar	cerrando cerrado	cierro cierras cierra cerramos cerráis cierran	cerré cerraste cerró cerramos cerrasteis cerraron	cerraba cerrabas cerraba cerrábamos cerrabais cerraban	cerraré cerrarás cerrará cerraremos cerraréis cerrarán
comenzar	comenzando comenzado	comienzo comienzas comienza comenzamos comenzáis comienzan	comencé comenzaste comenzó comenzamos comenzasteis comenzaron	comenzaba comenzabas comenzaba comenzábamos comenzabais comenzaban	comenzaré comenzarás comenzará comenzaremos comenzaréis comenzarán

Condicional	Imperativo	Subjuntivo	
Condicional	Imperativo	Presente	Imperfecto
andaría		ande	anduviera, -se
andarías	anda	andes	anduvieras, -ses
andaría	ande	ande	anduviera, -se
andaríamos	andemos	andemos	anduviéramos, -semos
andaríais	andad	andéis	anduvierais, -seis
andarían	anden	anden	anduvieran, -sen
averiguaría		averigüe	averiguara, -se
averiguarías	averigua	averigües	averiguaras, -ses
averiguaría	averigüe	averigüe	averiguara, -se
averiguaríamos	averigüemos	averigüemos	averiguáramos, -semos
averiguaríais	averiguad	averigüéis	averiguarais, -seis
averiguarían	averigüen	averigüen	averiguaran, -sen
buscaría		busque	buscara, -se
buscarías	busca	busques	buscaras, -ses
buscaría	busque	busque	buscara, -se
buscaríamos	busquemos	busquemos	buscáramos, -semos
buscaríais	buscad	busquéis	buscarais, -seis
buscarían	busquen	busquen	buscaran, -sen
cabría		quepa	cupiera, -se
cabrías	cabe	quepas	cupieras, -ses
cabría	quepa	quepa	cupiera, -se
cabríamos	quepamos	quepamos	cupiéramos, -semos
cabríais	cabed	quepáis	cupierais, -seis
cabrían	quepan	quepan	cupieran, -sen
caería		caiga	cayera, -se
caerías	cae	caigas	cayeras, -ses
caería	caiga	caiga	cayera, -se
caeríamos	caigamos	caigamos	cayéramos, -semos
caeríais	caed	caigáis	cayerais, -seis
caerían	caigan	caigan	cayeran, -sen
cerraría		cierre	cerrara, -se
cerrarías	cierra	cierres	cerraras, -ses
cerraría	cierre	cierre	cerrara, -se
cerraríamos	cerremos	cerremos	cerráramos, -semos
cerraríais	cerrad	cerréis	cerrarais, -seis
cerrarían	cierren	cierren	cerraran, -sen
comenzaría		comience	comenzara, -se
comenzarías	comienza	comiences	comenzaras, -ses
comenzaría	comience	comience	comenzara, -se
comenzaríamos	comencemos	comencemos	comenzáramos, -semos
comenzaríais	comenzad	comencéis	comenzarais, -seis
comenzarían	comiencen	comiencen	comenzaran, -sen

Infinitivo		Indicativo			
Infinitivo	Participios	Presente	Pretérito	Imperfecto	Futuro
conducir	conduciendo conducido	conduzco conduces conduce conducimos conducís conducen	conduje condujiste condujo condujimos condujisteis condujeron	conducía conducías conducía conducíamos conducíais conducían	conduciré conducirás conducirá conduciremos conduciréis conducirán
conocer	conociendo conocido	conozco conoces conoce conocemos conocéis conocen	conocí conociste conoció conocimos conocisteis conocieron	conocía conocías conocía conocíamos conocíais conocían	conoceré conocerás conocerá conoceremos conoceréis conocerán
construir	construyendo construido	construyo construyes construye construimos construís construyen	construí construiste construyó construimos construisteis construyeron	construía construías construía construíamos construíais construían	construiré construirás construirá construiremos construiréis construirán
corregir	corrigiendo corregido	corrijo corriges corrige corregimos corregís corrigen	corregí corregiste corrigió corregimos corregisteis corrigieron	corregía corregías corregía corregíamos corregíais corregían	corregiré corregirás corregirá corregiremos corregiréis corregirán
costar	costando costado	cuesto cuestas cuesta costamos costáis cuestan	costé costaste costó costamos costasteis costaron	costaba costabas costaba costábamos costabais costaban	costaré costarás costará costaremos costaréis costarán
crecer	creciendo crecido	crezco creces crece crecemos crecéis crecen	crecí creciste creció crecimos crecisteis crecieron	crecía crecías crecía crecíamos crecíais crecían	creceré crecerás crecerá creceremos creceréis crecerán
cruzar	cruzando cruzado	cruzo cruzas cruza cruzamos cruzáis cruzan	crucé cruzaste cruzó cruzamos cruzasteis cruzaron	cruzaba cruzabas cruzaba cruzábamos cruzabais cruzaban	cruzaré cruzarás cruzará cruzaremos cruzaréis cruzarán

Condicional	Imperativo	Subjuntivo	
Condicional	**Imperativo**	**Presente**	**Imperfecto**
conduciría		conduzca	condujera, -se
conducirías	conduce	conduzcas	condujeras, -ses
conduciría	conduzca	conduzca	condujera, -se
conduciríamos	conduzcamos	conduzcamos	condujéramos, -semos
conduciríais	conducid	conduzcáis	condujerais, -seis
conducirían	conduzcan	conduzcan	condujeran, -sen
conocería		conozca	conociera, -se
conocerías	conoce	conozcas	conocieras, -ses
conocería	conozca	conozca	conociera, -se
conoceríamos	conozcamos	conozcamos	conociéramos, -semos
conoceríais	conoced	conozcáis	conocierais, -seis
conocerían	conozcan	conozcan	conocieran, -sen
construiría		construya	construyera, -se
construirías	construye	construyas	construyeras, -ses
construiría	construya	construya	construyera, -se
construiríamos	construyamos	construyamos	construyéramos, -semos
construiríais	construid	construyáis	construyerais, -seis
construirían	construyan	construyan	construyeran, -sen
corregiría		corrija	corrigiera, -se
corregirías	corrige	corrijas	corrigieras, -ses
corregiría	corrija	corrija	corrigiera, -se
corregiríamos	corrijamos	corrijamos	corrigiéramos, -semos
corregiríais	corregid	corrijáis	corrigierais, -seis
corregirían	corrijan	corrijan	corrigieran, -sen
costaría		cueste	costara, -se
costarías	cuesta	cuestes	costaras, -ses
costaría	cueste	cueste	costara, se
costaríamos	costemos	costemos	costáramos, -semos
costaríais	costed	costéis	costarais, -seis
costarían	cuesten	cuesten	costaran, -sen
crecería		crezca	creciera, -se
crecerías	crece	crezcas	crecieras, -ses
crecería	crezca	crezca	creciera, -se
creceríamos	crezcamos	crezcamos	creciéramos, -semos
creceríais	creced	crezcáis	crecierais, -seis
crecerían	crezcan	crezcan	crecieran, -sen
cruzaría		cruce	cruzara, -se
cruzarías	cruza	cruces	cruzaras, -ses
cruzaría	cruce	cruce	cruzara, -se
cruzaríamos	crucemos	crucemos	cruzáramos, -semos
cruzaríais	cruzad	crucéis	cruzarais, -seis
cruzarían	crucen	crucen	cruzaran, -sen

Tablas de verbos

Infinitivo		Indicativo			
Infinitivo	Participios	Presente	Pretérito	Imperfecto	Futuro
dar	dando dado	doy das da damos dais dan	di diste dio dimos disteis dieron	daba dabas daba dábamos dabais daban	daré darás dará daremos daréis darán
decir	diciendo dicho	digo dices dice decimos decís dicen	dije dijiste dijo dijimos dijisteis dijeron	decía decías decía decíamos decíais decían	diré dirás dirá diremos diréis dirán
despertar	despertando despertado	despierto despiertas despierta despertamos despertáis despiertan	desperté despertaste despertó despertamos despertasteis despertaron	despertaba despertabas despertaba despertábamos despertabais despertaban	despertaré despertarás despertará despertaremos despertaréis despertarán
distinguir	distinguiendo distinguido	distingo distingues distingue distinguimos distinguís distinguen	distinguí distinguiste distinguió distinguimos distinguisteis distinguieron	distinguía distinguías distinguía distinguíamos distinguíais distinguían	distinguiré distinguirás distinguirá distinguiremos distinguiréis distinguirán
dormir	durmiendo dormido	duermo duermes duerme dormimos dormís duermen	dormí dormiste durmió dormimos dormisteis durmieron	dormía dormías dormía dormíamos dormíais dormían	dormiré dormirás dormirá dormiremos dormiréis dormirán
encender	encendiendo encendido	enciendo enciendes enciende encendemos encendéis encienden	encendí encendiste encendió encendimos encendisteis encendieron	encendía encendías encendía encendíamos encendíais encendían	encenderé encenderás encenderá encenderemos encenderéis encenderán
encontrar	encontrando encontrado	encuentro encuentras encuentra encontramos encontráis encuentran	encontré encontraste encontró encontramos encontrasteis encontraron	encontraba encontrabas encontraba encontrábamos encontrabais encontraban	encontraré encontrarás encontrará encontraremos encontraréis encontrarán

Condicional	Imperativo	Subjuntivo	
Condicional	Imperativo	Presente	Imperfecto
daría		dé	diera, -se
darías	da	des	dieras, -ses
daría	dé	dé	diera, -se
daríamos	demos	demos	diéramos, -semos
daríais	dad	deis	dierais, -seis
darían	den	den	dieran, -sen
diría		diga	dijera, -se
dirías	di	digas	dijeras, -ses
diría	diga	diga	dijera, -se
diríamos	digamos	digamos	dijéramos, -semos
diríais	decid	digáis	dijerais, -seis
dirían	digan	digan	dijeran, -sen
despertaría		despierte	despertara, -se
despertarías	despierta	despiertes	despertaras, -ses
despertaría	despierte	despierte	despertara, -se
despertaríamos	despertemos	despertemos	despertáramos, -semos
despertaríais	despertad	despertéis	despertarais, -seis
despertarían	despierten	despierten	despertaran, -sen
distinguiría		distinga	distinguiera, -se
distinguirías	distingue	distingas	distinguieras, -ses
distinguiría	distinga	distinga	distinguiera, -se
distinguiríamos	distingamos	distingamos	distinguiéramos, -semos
distinguiríais	distinguid	distingáis	distinguierais, -seis
distinguirían	distingan	distingan	distinguieran, -sen
dormiría		duerma	durmiera, -se
dormirías	duerme	duermas	durmieras, -ses
dormiría	duerma	duerma	durmiera, -se
dormiríamos	durmamos	durmamos	durmiéramos, -semos
dormiríais	dormid	durmáis	durmierais, -seis
dormirían	duerman	duerman	durmieran, -sen
encendería		encienda	encendiera, -se
encenderías	enciende	enciendas	encendieras, -ses
encendería	encienda	encienda	encendiera, -se
encenderíamos	encendamos	encendamos	encendiéramos, -semos
encenderíais	encended	encendáis	encendierais, -seis
encenderían	enciendan	enciendan	encendieran, -sen
encontraría		encuentre	encontrara, -se
encontrarías	encuentra	encuentres	encontraras, -ses
encontraría	encuentre	encuentre	encontrara, -se
encontraríamos	encontremos	encontremos	encontráramos, -semos
encontraríais	encontrad	encontréis	encontrarais, -seis
encontrarían	encuentren	encuentren	encontraran, -sen

Tablas de verbos

Infinitivo		Indicativo			
Infinitivo	Participios	Presente	Pretérito	Imperfecto	Futuro
escoger	escogiendo escogido	escojo escoges escoge escogemos escogéis escogen	escogí escogiste escogió escogimos escogisteis escogieron	escogía escogías escogía escogíamos escogíais escogían	escogeré escogerás escogerá escogeremos escogeréis escogerán
estar	estando estado	estoy estás está estamos estáis están	estuve estuviste estuvo estuvimos estuvisteis estuvieron	estaba estabas estaba estábamos estabais estaban	estaré estarás estará estaremos estaréis estarán
haber	habiendo habido	he has ha hemos habéis han	hube hubiste hubo hubimos hubisteis hubieron	había habías había habíamos habíais habían	habré habrás habrá habremos habréis habrán
hacer	haciendo hecho	hago haces hace hacemos hacéis hacen	hice hiciste hizo hicimos hicisteis hicieron	hacía hacías hacía hacíamos hacíais hacían	haré harás hará haremos haréis harán
ir	yendo ido	voy vas va vamos vais van	fui fuiste fue fuimos fuisteis fueron	iba ibas iba íbamos ibais iban	iré irás irá iremos iréis irán
jugar	jugando jugado	juego juegas juega jugamos jugáis juegan	jugué jugaste jugó jugamos jugasteis jugaron	jugaba jugabas jugaba jugábamos jugabais jugaban	jugaré jugarás jugará jugaremos jugaréis jugarán
llover	lloviendo llovido	llueve	llovió	llovía	lloverá
mostrar	mostrando mostrado	muestro muestras muestra mostramos mostráis muestran	mostré mostraste mostró mostramos mostrasteis mostraron	mostraba mostrabas mostraba mostrábamos mostrabais mostraban	mostraré mostrarás mostrará mostraremos mostraréis mostrarán

Condicional	Imperativo	Subjuntivo	
Condicional	Imperativo	Presente	Imperfecto
escogería		escoja	escogiera, -se
escogerías	escoge	escojas	escogieras, -ses
escogería	escoja	escoja	escogiera, -se
escogeríamos	escojamos	escojamos	escogiéramos, -semos
escogeríais	escoged	escojáis	escogierais, -seis
escogerían	escojan	escojan	escogieran, -sen
estaría		esté	estuviera, -se
estarías	está	estés	estuvieras, -ses
estaría	esté	esté	estuviera, -se
estaríamos	estemos	estemos	estuviéramos, -semos
estaríais	estad	estéis	estuvierais, -seis
estarían	estén	estén	estuvieran, -sen
habría		haya	hubiera, -se
habrías		hayas	hubieras, -ses
habría		haya	hubiera, -se
habríamos		hayamos	hubiéramos, -semos
habríais		hayáis	hubierais, -seis
habrían		hayan	hubieran, -sen
haría		haga	hiciera, -se
harías	haz	hagas	hicieras, -ses
haría	haga	haga	hiciera, -se
haríamos	hagamos	hagamos	hiciéramos, -semos
haríais	haced	hagáis	hicierais, -seis
harían	hagan	hagan	hicieran, -sen
iría		vaya	fuera, -se
irías	ve	vayas	fueras, -ses
iría	vaya	vaya	fuera, -se
iríamos	vayamos	vayamos	fuéramos, -semos
iríais	id	vayáis	fuerais, -seis
irían	vayan	vayan	fueran, -sen
jugaría		juegue	jugara, -se
jugarías	juega	juegues	jugaras, -ses
jugaría	juegue	juegue	jugara, -se
jugaríamos	juguemos	juguemos	jugáramos, -semos
jugaríais	jugad	juguéis	jugarais, -seis
jugarían	jueguen	jueguen	jugaran, -sen
llovería		llueva	lloviera, -se
mostraría		muestre	mostrara, -se
mostrarías	muestra	muestres	mostraras, -ses
mostraría	muestre	muestre	mostrara, -se
mostraríamos	mostremos	mostremos	mostráramos, -semos
mostraríais	mostrad	mostréis	mostrarais, -seis
mostrarían	muestren	muestren	mostraran, -sen

Tablas de verbos

Infinitivo		Indicativo			
Infinitivo	**Participios**	**Presente**	**Pretérito**	**Imperfecto**	**Futuro**
mover	moviendo movido	muevo mueves mueve movemos movéis mueven	moví moviste movió movimos movisteis movieron	movía movías movía movíamos movíais movían	moveré moverás moverá moveremos moveréis moverán
nacer	naciendo nacido	nazco naces nace nacemos nacéis nacen	nací naciste nació nacimos nacisteis nacieron	nacía nacías nacía nacíamos nacíais nacían	naceré nacerás nacerá naceremos naceréis nacerán
negar	negando negado	niego niegas niega negamos negáis niegan	negué negaste negó negamos negasteis negaron	negaba negabas negaba negábamos negabais negaban	negaré negarás negará negaremos negaréis negarán
oír	oyendo oído	oigo oyes oye oímos oís oyen	oí oíste oyó oímos oísteis oyeron	oía oías oía oíamos oíais oían	oiré oirás oirá oiremos oiréis oirán
oler	oliendo olido	huelo hueles huele olemos oléis huelen	olí oliste olió olimos olisteis olieron	olía olías olía olíamos olíais olían	oleré olerás olerá oleremos oleréis olerán
pedir	pidiendo pedido	pido pides pide pedimos pedís piden	pedí pediste pidió pedimos pedisteis pidieron	pedía pedías pedía pedíamos pedíais pedían	pediré pedirás pedirá pediremos pediréis pedirán
pensar	pensando pensado	pienso piensas piensa pensamos pensáis piensan	pensé pensaste pensó pensamos pensasteis pensaron	pensaba pensabas pensaba pensábamos pensabais pensaban	pensaré pensarás pensará pensaremos pensaréis pensarán

Condicional	Imperativo	Subjuntivo	
Condicional	Imperativo	Presente	Imperfecto
movería		mueva	moviera, -se
moverías	mueve	muevas	movieras, -ses
movería	mueva	mueva	moviera, -se
moveríamos	movamos	movamos	moviéramos, -semos
moveríais	moved	mováis	movierais, -seis
moverían	muevan	muevan	movieran, -sen
nacería		nazca	naciera, -se
nacerías	nace	nazcas	nacieras, -ses
nacería	nazca	nazca	naciera, -se
naceríamos	nazcamos	nazcamos	naciéramos, -semos
naceríais	naced	nazcáis	nacierais, -seis
nacerían	nazcan	nazcan	nacieran, -sen
negaría		niegue	negara, -se
negarías	niega	niegues	negaras, -ses
negaría	niegue	niegue	negara, -se
negaríamos	neguemos	neguemos	negáramos, -semos
negaríais	negad	neguéis	negarais, -seis
negarían	nieguen	nieguen	negaran, -sen
oiría		oiga	oyera, -se
oirías	oye	oigas	oyeras, -ses
oiría	oiga	oiga	oyera, -se
oiríamos	oigamos	oigamos	oyéramos, -semos
oiríais	oíd	oigáis	oyerais, -seis
oirían	oigan	oigan	oyeran, -sen
olería		huela	oliera, -se
olerías	huele	huelas	olieras, -ses
olería	huela	huela	oliera, -se
oleríamos	olamos	olamos	oliéramos, -semos
oleríais	oled	oláis	olierais, -seis
olerían	huelan	huelan	olieran, -sen
pediría		pida	pidiera, -se
pedirías	pide	pidas	pidieras, -ses
pediría	pida	pida	pidiera, -se
pediríamos	pidamos	pidamos	pidiéramos, -semos
pediríais	pedid	pidáis	pidierais, -seis
pedirían	pidan	pidan	pidieran, -sen
pensaría		piense	pensara, -se
pensarías	piensa	pienses	pensaras, -ses
pensaría	piense	piense	pensara, -se
pensaríamos	pensemos	pensemos	pensáramos, -semos
pensaríais	pensad	penséis	pensarais, -seis
pensarían	piensen	piensen	pensaran, -sen

TIEMPOS SIMPLES

Infinitivo	Indicativo				
Infinitivo	Participios	Presente	Pretérito	Imperfecto	Futuro
poder	pudiendo podido	puedo puedes puede podemos podéis pueden	pude pudiste pudo pudimos pudisteis pudieron	podía podías podía podíamos podíais podían	podré podrás podrá podremos podréis podrán
poner	poniendo puesto	pongo pones pone ponemos ponéis ponen	puse pusiste puso pusimos pusisteis pusieron	ponía ponías ponía poníamos poníais ponían	pondré pondrás pondrá pondremos pondréis pondrán
querer	queriendo querido	quiero quieres quiere queremos queréis quieren	quise quisiste quiso quisimos quisisteis quisieron	quería querías quería queríamos queríais querían	querré querrás querrá querremos querréis querrán
recordar	recordando recordado	recuerdo recuerdas recuerda recordamos recordáis recuerdan	recordé recordaste recordó recordamos recordasteis recordaron	recordaba recordabas recordaba recordábamos recordabais recordaban	recordaré recordarás recordará recordaremos recordaréis recordarán
reír	riendo reído	río ríes ríe reímos reís ríen	reí reíste rio reímos reísteis rieron	reía reías reía reíamos reíais reían	reiré reirás reirá reiremos reiréis reirán
reñir	riñendo reñido	riño riñes riñe reñimos reñís riñen	reñí reñiste riñó reñimos reñisteis riñeron	reñía reñías reñía reñíamos reñíais reñían	reñiré reñirás reñirá reñiremos reñiréis reñirán
saber	sabiendo sabido	sé sabes sabe sabemos sabéis saben	supe supiste supo supimos supisteis supieron	sabía sabías sabía sabíamos sabíais sabían	sabré sabrás sabrá sabremos sabréis sabrán

TIEMPOS SIMPLES

Condicional	Imperativo	Subjuntivo	
Condicional	Imperativo	Presente	Imperfecto
podría		pueda	pudiera, -se
podrías	puede	puedas	pudieras, -ses
podría	pueda	pueda	pudiera, -se
podríamos	podamos	podamos	pudiéramos, -semos
podríais	poded	podáis	pudierais, -seis
podrían	puedan	puedan	pudieran, -sen
pondría		ponga	pusiera, -se
pondrías	pon	pongas	pusieras, -ses
pondría	ponga	ponga	pusiera, -se
pondríamos	pongamos	pongamos	pusiéramos, -semos
pondríais	poned	pongáis	pusierais, -seis
pondrían	pongan	pongan	pusieran, -sen
querría		quiera	quisiera, -se
querrías	quiere	quieras	quisieras, -ses
querría	quiera	quiera	quisiera, -se
querríamos	queramos	queramos	quisiéramos, -semos
querríais	quered	queráis	quisierais, -seis
querrían	quieran	quieran	quisieran, -sen
recordaría		recuerde	recordara, -se
recordarías	recuerda	recuerdes	recordaras, -ses
recordaría	recuerde	recuerde	recordara, -se
recordaríamos	recordemos	recordemos	recordáramos, -semos
recordaríais	recordad	recordéis	recordarais, -seis
recordarían	recuerden	recuerden	recordaran, -sen
reiría		ría	riera, -se
reirías	ríe	rías	rieras, -ses
reiría	ría	ría	riera, -se
reiríamos	riamos	riamos	riéramos, -semos
reiríais	reíd	riáis	rierais, -seis
reirían	rían	rían	rieran, -sen
reñiría		riña	riñera, -se
reñirías	riñe	riñas	riñeras, -ses
reñiría	riña	riña	riñera, -se
reñiríamos	riñamos	riñamos	riñéramos, -semos
reñiríais	reñid	riñáis	riñerais, -seis
reñirían	riñan	riñan	riñeran, -sen
sabría		sepa	supiera, -se
sabrías	sabe	sepas	supieras, -ses
sabría	sepa	sepa	supiera, -se
sabríamos	sepamos	sepamos	supiéramos, -semos
sabríais	sabed	sepáis	supierais, -seis
sabrían	sepan	sepan	supieran, -sen

Infinitivo		Indicativo			
Infinitivo	Participios	Presente	Pretérito	Imperfecto	Futuro
salir	saliendo salido	salgo sales sale salimos salís salen	salí saliste salió salimos salisteis salieron	salía salías salía salíamos salíais salían	saldré saldrás saldrá saldremos saldréis saldrán
seguir	siguiendo seguido	sigo sigues sigue seguimos seguís siguen	seguí seguiste siguió seguimos seguisteis siguieron	seguía seguías seguía seguíamos seguíais seguían	seguiré seguirás seguirá seguiremos seguiréis seguirán
sentarse	sentándose sentado	me siento te sientas se sienta nos sentamos os sentáis se sientan	me senté te sentaste se sentó nos sentamos os sentasteis se sentaron	me sentaba te sentabas se sentaba nos sentábamos os sentabais se sentaban	me sentaré te sentarás se sentará nos sentaremos os sentaréis se sentarán
sentir	sintiendo sentido	siento sientes siente sentimos sentís sienten	sentí sentiste sintió sentimos sentisteis sintieron	sentía sentías sentía sentíamos sentíais sentían	sentiré sentirás sentirá sentiremos sentiréis sentirán
ser	siendo sido	soy eres es somos sois son	fui fuiste fue fuimos fuisteis fueron	era eras era éramos erais eran	seré serás será seremos seréis serán
servir	sirviendo servido	sirvo sirves sirve servimos servís sirven	serví serviste sirvió servimos servisteis sirvieron	servía servías servía servíamos servíais servían	serviré servirás servirá serviremos serviréis servirán
soler	soliendo solido	suelo sueles suele solemos soléis suelen		solía solías solía solíamos solíais solían	

Condicional	Imperativo	Subjuntivo	
Condicional	Imperativo	Presente	Imperfecto
saldría		salga	saliera, -se
saldrías	sal	salgas	salieras, -ses
saldría	salga	salga	saliera, -se
saldríamos	salgamos	salgamos	saliéramos, -semos
saldríais	salid	salgáis	salierais, -seis
saldrían	salgan	salgan	salieran, -sen
seguiría		siga	siguiera, -se
seguirías	sigue	sigas	siguieras, -ses
seguiría	siga	siga	siguiera, -se
seguiríamos	sigamos	sigamos	siguiéramos, -semos
seguiríais	seguid	sigáis	siguierais, -seis
seguirían	sigan	sigan	siguieran, -sen
me sentaría		me siente	me sentara, -se
te sentarías	siéntate	te sientes	te sentaras, -ses
se sentaría	siéntese	se siente	se sentara, -se
nos sentaríamos	sentémonos	nos sentemos	nos sentáramos, -semos
os sentaríais	sentaos	os sentéis	os sentarais, -seis
se sentarían	siéntense	se sienten	se sentaran, -sen
sentiría		sienta	sintiera, -se
sentirías	siente	sientas	sintieras, -ses
sentiría	sienta	sienta	sintiera, -se
sentiríamos	sintamos	sintamos	sintiéramos, -semos
sentiríais	sentid	sintáis	sintierais, -seis
sentirían	sientan	sientan	sintieran, -sen
sería		sea	fuera, -se
serías	sé	seas	fueras, -ses
sería	sea	sea	fuera, -se
seríamos	seamos	seamos	fuéramos, -semos
seríais	sed	seáis	fuerais, -seis
serían	sean	sean	fueran, -sen
serviría		sirva	sirviera, -se
servirías	sirve	sirvas	sirvieras, -ses
serviría	sirva	sirva	sirviera, -se
serviríamos	sirvamos	sirvamos	sirviéramos, -semos
serviríais	servid	sirváis	sirvierais, -seis
servirían	sirvan	sirvan	sirvieran, -sen
		suela	soliera, -se
		suelas	solieras, -ses
		suela	soliera, -se
		solamos	soliéramos, -semos
		soláis	solierais, -seis
		suelan	solieran, -sen

Infinitivo		Indicativo			
Infinitivo	**Participios**	**Presente**	**Pretérito**	**Imperfecto**	**Futuro**
soñar	soñando soñado	sueño sueñas sueña soñamos soñáis sueñan	soñé soñaste soñó soñamos soñasteis soñaron	soñaba soñabas soñaba soñábamos soñabais soñaban	soñaré soñarás soñará soñaremos soñaréis soñarán
tener	teniendo tenido	tengo tienes tiene tenemos tenéis tienen	tuve tuviste tuvo tuvimos tuvisteis tuvieron	tenía tenías tenía teníamos teníais tenían	tendré tendrás tendrá tendremos tendréis tendrán
traer	trayendo traído	traigo traes trae traemos traéis traen	traje trajiste trajo trajimos trajisteis trajeron	traía traías traía traíamos traíais traían	traeré traerás traerá traeremos traeréis traerán
valer	valiendo valido	valgo vales vale valemos valéis valen	valí valiste valió valimos valisteis valicron	valía valías valía valíamos valíais valían	valdré valdrás valdrá valdremos valdréis valdrán
venir	viniendo venido	vengo vienes viene venimos venís vienen	vine viniste vino vinimos vinisteis vinieron	venía venías venía veníamos veníais venían	vendré vendrás vendrá vendremos vendréis vendrán
ver	viendo visto	veo ves ve vemos veis ven	vi viste vio vimos visteis vieron	veía veías veía veíamos veíais veían	veré verás verá veremos veréis verán
vestir	vistiendo vestido	visto vistes viste vestimos vestís visten	vestí vestiste vistió vestimos vestisteis vistieron	vestía vestías vestía vestíamos vestíais vestían	vestiré vestirás vestirá vestiremos vestiréis vestirán
volver	volviendo vuelto	vuelvo vuelves vuelve volvemos volvéis vuelven	volví volviste volvió volvimos volvisteis volvieron	volvía volvías volvía volvíamos volvíais volvían	volveré volverás volverá volveremos volveréis volverán

Condicional	Imperativo	Subjuntivo	
Condicional	Imperativo	Presente	Imperfecto
soñaría		sueñe	soñara, -se
soñarías	sueña	sueñes	soñaras, -ses
soñaría	sueñe	sueñe	soñara, -se
soñaríamos	soñemos	soñemos	soñáramos, -semos
soñaríais	soñad	soñéis	soñarais, -seis
soñarían	sueñen	sueñen	soñaran, -sen
tendría		tenga	tuviera, -se
tendrías	ten	tengas	tuvieras, -ses
tendría	tenga	tenga	tuviera, -se
tendríamos	tengamos	tengamos	tuviéramos, -semos
tendríais	tened	tengáis	tuvierais, -seis
tendrían	tengan	tengan	tuvieran, -sen
traería		traiga	trajera, -se
traerías	trae	traigas	trajeras, -ses
traería	traiga	traiga	trajera, -se
traeríamos	traigamos	traigamos	trajéramos, -semos
traeríais	traed	traigáis	trajerais, -seis
traerían	traigan	traigan	trajeran, -sen
valdría		valga	valiera, -se
valdrías	vale	valgas	valieras, -ses
valdría	valga	valga	valiera, -se
valdríamos	valgamos	valgamos	valiéramos, -semos
valdrías	valed	valgáis	valierais, -seis
valdrían	valgan	valgan	valieran, -sen
vendría		venga	viniera, -se
vendrías	ven	vengas	vinieras, -ses
vendría	venga	venga	viniera, -se
vendríamos	vengamos	vengamos	viniéramos, -semos
vendríais	venid	vengáis	vinierais, -seis
vendrían	vengan	vengan	vinieran, -sen
vería		vea	viera, -se
verías	ve	veas	vieras, -ses
vería	vea	vea	viera, -se
veríamos	veamos	veamos	viéramos, -semos
veríais	ved	veáis	vierais, -seis
verían	vean	vean	vieran, -sen
vestiría		vista	vistiera, -se
vestirías	viste	vistas	vistieras, -ses
vestiría	vista	vista	vistiera, -se
vestiríamos	vistamos	vistamos	vistiéramos, -semos
vestiríais	vestid	vistáis	vistierais, -seis
vestirían	vistan	vistan	vistieran, -sen
volvería		vuelva	volviera, -se
volverías	vuelve	vuelvas	volvieras, -ses
volvería	vuelva	vuelva	volviera, -se
volveríamos	volvamos	volvamos	volviéramos, -semos
volveríais	volved	volváis	volvierais, -seis
volverían	vuelvan	vuelvan	volvieran, -sen

Índice